图解战略与商业模式

王雪冬　董大海 ◎ 著

GRAPHIC STRATEGY
AND BUSINESS MODEL

大连理工大学出版社

图书在版编目(CIP)数据

图解战略与商业模式 / 王雪冬，董大海著． -- 大连：大连理工大学出版社，2022.11
ISBN 978-7-5685-3871-8

Ⅰ．①图… Ⅱ．①王… ②董… Ⅲ．①企业战略－商业模式－图解 Ⅳ．①F272.1-64

中国版本图书馆CIP数据核字(2022)第128009号

TUJIE ZHANLUE YU SHANGYE MOSHI

大连理工大学出版社出版

地址：大连市软件园路80号　　邮政编码：116023
发行：0411-84708842　邮购：0411-84708943　传真：0411-84701466
E-mail：dutp@dutp.cn　　URL：https://www.dutp.cn
大连金华光彩色印刷有限公司印刷　　大连理工大学出版社发行

幅面尺寸：163mm×235mm　　印张：15.5　　字数：312千字
2022年11月第1版　　　　　2022年11月第1次印刷

责任编辑：邵　婉　王　洋　　　　责任校对：杨　洋
装帧设计：对岸书影

ISBN 978-7-5685-3871-8　　　　　　　　　　定价：66.00元

本书如有印装质量问题，请与我社发行部联系更换。

前 言

自 2007 年参与山东同大集团第一个战略咨询项目以来，北起松花江畔，南至珠江两岸，笔者实现了校园时代"用脚步丈量中国商业大地"的愿望。读千家书，行万里路，清晨的冷月、深夜的繁星、流逝的青春、渐生的华发记录了我的收获，见证了我的成长。在此，真诚地感谢生命中每一位与自己相遇、相识和相知的领导、师长、客户、同仁及亲友。

战略是企业经营的灵魂，战略管理是工商管理领域最具综合性的课程之一。作为一门兼具科学与艺术、兼备思想与经验、兼容理论与实践的复杂学问，战略管理领域名家辈出、学派林立、观点繁多，在构筑了精美绝伦的理论殿堂的同时，也增加了学习的难度。咨询顾问、MBA 等初学者乃至于一些从业者，极易在战略管理的理论丛林中迷失方向，陷入理论适用的盲区和工具选择的困惑，而 21 世纪初商业模式的出现又进一步加剧了上述初学者的苦恼。

有幸作为战略咨询、研究和实践的跨界者，在追逐真实商业世界奥秘的过程中，笔者深感战略的宏大和繁杂，也深深地为服务过的诸多企业家和公司高管的行业洞见与创新思维所折服……在此过程中，笔者发现"视觉型学习"和"纲要式写作风格"更容易被初学者接受和掌握。因此，本书采用"图解"的写作方法，力求用简洁的方式把复杂的战略学讲清楚，用直白的语言阐述相关工具，让战略学更易于理解、便于应用。本书旨在"让无暇与理论对话的初学者迅速建立知识框架"，为后续深度阅读和系统学习提供理论概貌和工具索引。

本书是很多人共同努力的结果。感谢授业恩师董大海教授，本书是在董大海教授早年出版的《战略管理》基础上，结合董大海教授指导本人对于商业模式研究的诸多成果汇编后形成的；感谢管理咨询生涯中的诸多前辈、合伙人、咨询顾问、合作伙伴，本书亦是他们在无数个咨询项目一线中积累的宝贵经验，而我仅仅是一个赶海的小男孩，何其有幸能够拾到如此多美丽的"贝壳"；感谢大连理工大学出版社的大力支持。

尽管笔者已尽最大努力完善书稿，但囿于自身学识，书中不妥之处在所难免，恳请社会各界、同行学者对这本入门读物的浅薄之见不吝赐教，敬请广大读者批评指正。

王雪冬

2022 年 10 月

目 录

第 1 章　战略概述

1.1 理解战略 ·· 2
1.2 认识战略 ··· 12
1.3 战略悖论 ··· 15

第 2 章　环境分析

2.1 环境分析概述 ··· 20
2.2 宏观环境分析 ··· 26
2.3 行业环境分析 ··· 39
2.4 竞争环境分析 ··· 53
2.5 市场环境分析 ··· 62
2.6 内部环境分析 ··· 70
2.7 内、外部环境的匹配分析 ··· 81

第 3 章　总体战略

3.1 总体战略概述 ··· 84
3.2 专业化"点"战略 ·· 90
3.3 一体化"线"战略 ·· 96

3.4 多元化"面"战略 ... 103

3.5 特殊总体战略 ... 114

第 4 章 竞争战略

4.1 竞争战略概述 ... 122

4.2 通用竞争战略 ... 125

4.3 位次竞争战略 ... 140

4.4 结构竞争战略 ... 147

4.5 竞合战略概述 ... 153

第 5 章 商业模式

5.1 商业模式理论概述 ... 158

5.2 商业模式表达模型 ... 162

5.3 商业模式创新概述 ... 173

5.4 商业模式创新通用步骤 ... 182

5.5 创业企业商业模式创新 ... 200

5.6 成熟企业商业模式变革 ... 216

第 6 章 战略管理

6.1 战略管理概述 ... 222

6.2 企业领导者 ... 228

6.3 集团总部 ... 232

6.4 战略落地系统 ... 234

第1章

战略概述

1.1 理解战略

1.2 认识战略

1.3 战略悖论

1.1 理解战略

■ 战略的语义溯源

战略的中文语义起源

"战"字是左右结构,左边是表示长柄狩猎工具的"单",右边是表示长矛的"戈"。"战"字表示征战,意指拿着"单""戈"等武器去搏斗。

"略"字是左右结构,左边是表示田地的"田",右边意为"十字交叉"。"田"与"各"联合起来表示"把可耕地画上十字格",即"规划土地"。

战略的英文语义起源

"strategy"一词源于希腊语"strategos",意为军事将领、地方行政长官。后来演变成军事术语,指军事将领指挥军队作战的谋略。

战略的管理学起源

安索夫在 1965 年出版的《战略管理》一书中首次提出了"企业战略"概念。

战略是指"一个组织打算如何去实现其目标和使命,包括各种方案的拟订和评价,以及最终将要实施的方案"。

资料来源:安索夫.战略管理[M].北京:机械工业出版社.2010.

第1章 战略概述

■ **战略的理论丛林：每一学派描述了战略"大象"的局部**

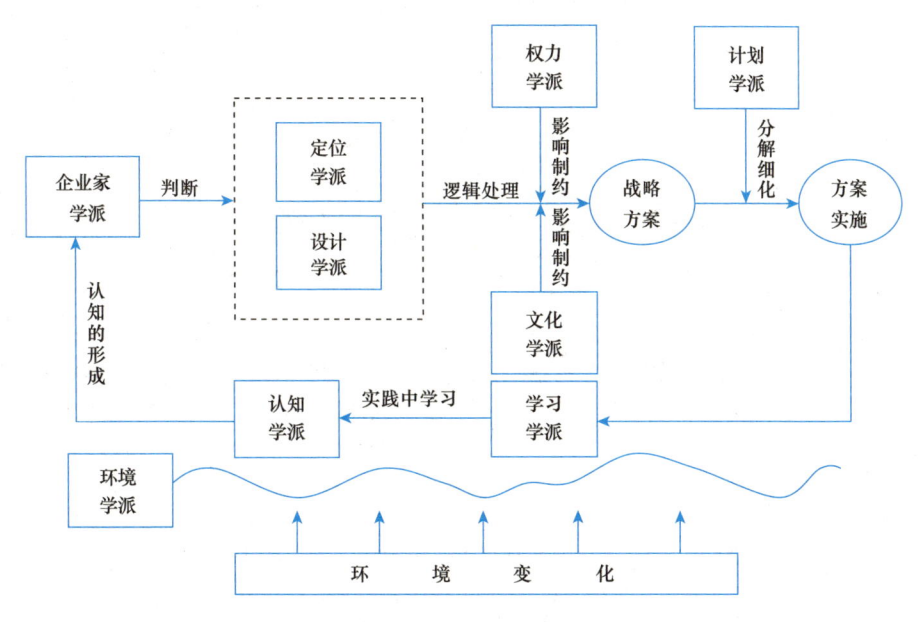

战略管理理论综合框架

定位学派	战略制定是一个企业在产业中进行定位分析的过程。
设计学派	战略是一个主观的概念化过程，其形成是深思熟虑的结果。
权力学派	战略形成是一个权力谈判及平衡的过程，企业内、外部的利益相关者会利用权力对企业的战略施加影响。
文化学派	战略形成是一个基于企业成员共同的信念和理解的社会交往过程。
计划学派	战略是一个正式的计划过程，引入了以决策科学为代表的数量分析方法。
认知学派	战略形成是一个心智过程，采用心理学理论解释企业家的思想。
学习学派	环境是复杂且不可预测的，企业需要通过组织学习应对不确定性。
环境学派	强调环境对企业的重要性，企业必须在适应环境中寻求生存和发展。
企业家学派	战略是一个企业家对企业未来图景的洞察过程。

资料来源：明茨伯格. 战略历程：纵览战略管理学派[M]. 北京：机械工业出版社，2002.

战略的实践术语：规划、定位、选择、路径、模式、方向

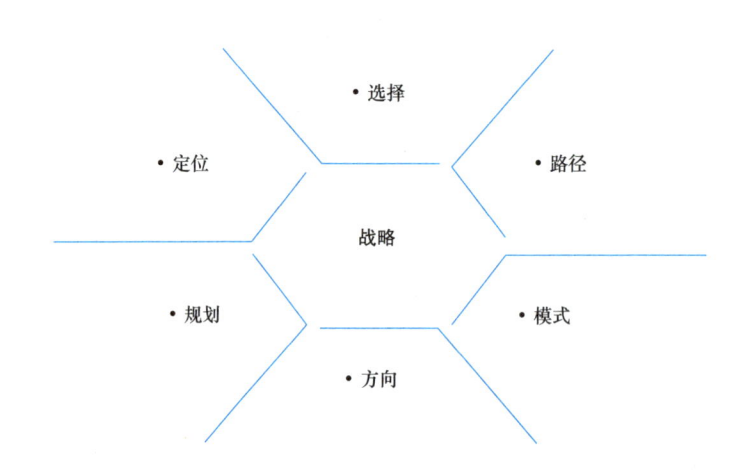

```
           · 选择
  · 定位              · 路径
           战略
  · 规划              · 模式
           · 方向
```

规划说	战略规划在实践中通常包括年度规划、三年滚动规划、中长期规划等。
定位说	战略定位在实践中泛指产业链定位、市场定位、竞争定位等。
选择说	战略选择在实践中涉及业务选择、市场选择、客户选择等问题。
路径说	战略路径在实践中主要探讨内涵式、外延式、区域拓展等问题。
模式说	战略模式在实践中主要涉及商业模式、发展模式、渠道模式等问题。
方向说	战略方向在实践中主要涉及区域方向、领域方向等问题。

第1章 战略概述

■ 战略形象化表述之一：战略时空图

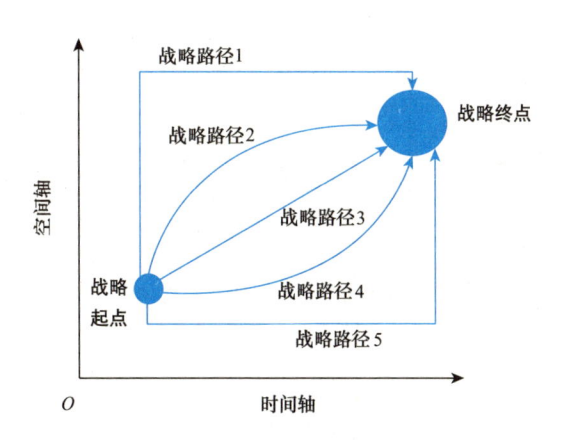

```
空间轴 ↑
       │        战略路径1
       │   ┌──────────────────→●  战略终点
       │   │    战略路径2    ↗
       │   │              ↗
       │   │   战略路径3 ↗
       │   │         ↗
       │   ●  战略路径4
       │  战略
       │  起点      战略路径5
       │
       O └──────────────────────→ 时间轴
```

▼

战略时空图	横坐标是时间轴，纵坐标是空间轴。时间轴呈现出创始人/领导者的远见及对未来的前瞻性预判。空间轴体现创始人的认知高度、企业能力圈和资源能力。
战略起点	我是谁？我在哪里？
战略终点	我要到哪里去？战略终点与企业的使命和愿景密不可分。 使命是企业的战略终点，愿景只是到达终点前的一个站点，战略目标是阶段性里程碑。
战略路径	怎么去？战略路径就是把战略起点和战略终点连起来，其背后的核心是商业模式。
战略管理	构建联结企业现状与未来目标的桥梁，即明确企业未来的定位，并选择到达目标定位的恰当路径，通过配置相应的资源为路径的达成提供保障。

图解**战略**与商业模式

■ 战略形象化表述之二：战略竞争图

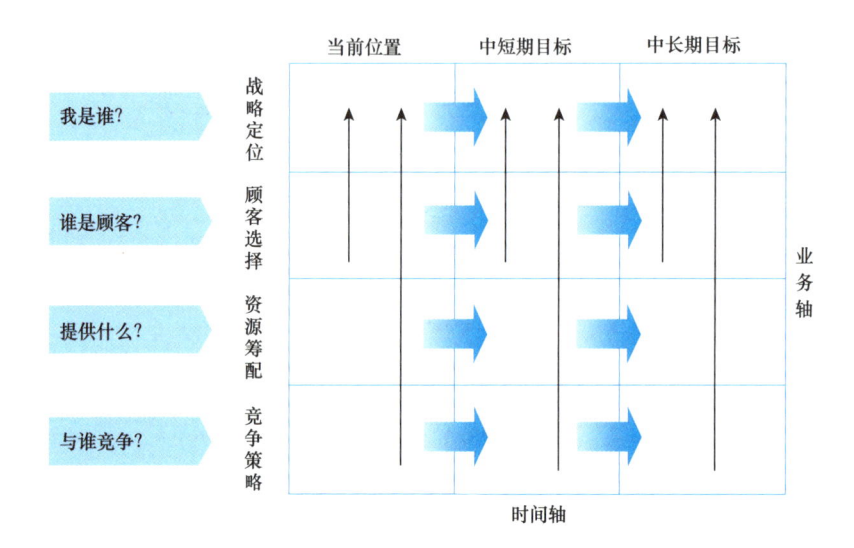

```
          当前位置    中短期目标    中长期目标

我是谁?    战略
           定位

谁是顾客?   顾客
           选择
                                              业
提供什么?   资源                              务
           筹配                               轴

与谁竞争?   竞争
           策略
                        时间轴
```

战略竞争图　横坐标是时间轴，纵坐标是业务轴，描述企业随时间的推移而对自身业务的动态安排。

战略竞争图主要适用于业务层面的竞争战略制定。

业务轴　业务轴包括战略定位、顾客选择、资源筹配、竞争策略。

业务轴回答"我是谁？谁是顾客？提供什么？与谁竞争？"等业务层面问题。

时间轴　时间轴主要从当前、中短期、中长期三个时间节点回答业务发展的里程碑问题。

纵向支撑关系　战略定位决定了顾客选择、资源筹配、竞争策略。

◯ 第1章 战略概述

■ 战略形象化表述之三：战略如同北斗七星

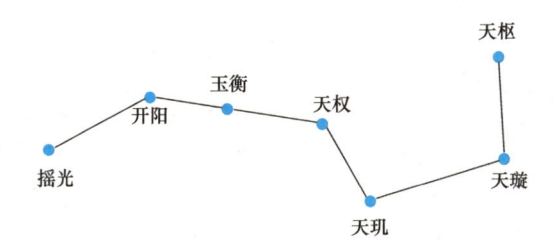

```
                    天枢
              玉衡
         开阳         天权
  摇光                          天璇
                        天玑
```

战略如同北斗七星

北斗七星自斗口至斗尾依次为天枢、天璇、天玑、天权、玉衡、开阳和摇光。中国古人利用北斗七星的方位确定季节，并在黑夜中辨别方向。

战略让企业管理层在创业和发展的茫茫旷野上，在"黑夜"当中看到方向、定位和希望。

战略不是任何时候都有用

北斗七星不是任何时候都有用，所以在市场形势好的"白天"，人们看不到战略北斗七星，只有在市场形势不好的"黑夜"，战略北斗七星的重要性才凸显，能够为企业指明方向和路径。

战略不是对任何人都有用

战略不是对任何人都有用，但是对于走在最前面的领路人至关重要。只有看它，才能避免带领企业迷失在茫茫的商海中。

战略不是会议室里的高谈阔论，不是学术文章中的理论模型和抽象变量，而是企业在实现可持续发展中的立身之本，是激烈市场竞争中的成事之基（或格斗之术），是日常企业经营中的动力之源（或无形之绳）。

对于企业，知道战略而拒不承认它的作用和价值，是可气和可叹的。

资料来源：北京正略钧策企业管理咨询公司.

战略形象化表述之四：战略即心智

美女与老妇人：两张完全相同的图片

心智模式

心智模式是指深植于我们心中关于自己、别人、组织及周围世界每个层面的假设、形象和故事，并深受习惯思维、定式思维、已有知识的影响。

不同的人，即使站在同一个地方，透过各自的人生，看到的风景也有所不同，做出的选择也可能不同。

战略是心智模式

战略反映了企业家的心智模式、主导逻辑和基本假设。

每一个企业家观察及解决问题的视角都受到自身经历、专业背景、职业背景和个体特质的影响，即每个企业家的心智模式都不相同。

企业家的个体心智模式差异和企业的组织心智模式差异形成了不同的战略。

第1章 战略概述

■ **战略形象化表述之五：战略方程，战略 = 格局 × 视野**

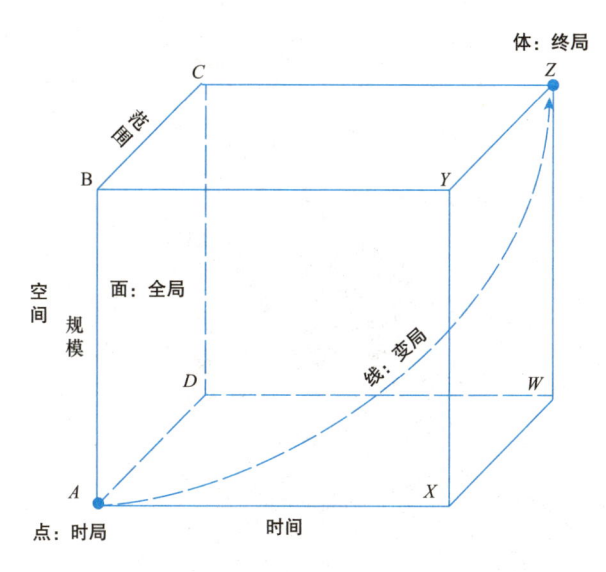

（图示：立方体，顶点标注 A、B、C、D、W、X、Y、Z；标注"体：终局"、"面：全局"、"线：变局"、"点：时局"；坐标轴为"空间/规模"、"时间"、"范围"）

见终局，揽全局，知时局，应变局

全局观 企业家要有超越所在企业及所在行业的战略思维，满足企业所处生态系统中诸多利益相关群体的需求（包括股东、高管、员工等内部利益相关者，政府、社会公众、合作伙伴等外部利益相关者），甚至要赢得竞争对手的尊重。

全球观 企业家要有超越所在地区及所在国的战略视野，站在更大的空间维度内，以顺应经济全球化和一体化这个不可逆转的趋势。

未来观 企业家要有超越短期利益和短期目标的战略定力，站在未来的角度思考企业的发展方向，以创新的视角审视人类未来将面临的问题和将产生的需求。

资料来源：路江涌. 共演战略：重新定义企业生命周期[M]. 北京：机械工业出版社，2018.

战略的特点：全局性、长远性、指导性……

战略的特点：全局性、长远性、指导性、现实性、竞争性、风险性、创新性、稳定性

全局性	战略是企业发展的蓝图，制约着企业经营管理的一切具体活动。
长远性	战略通常着眼于企业未来 3 至 5 年或更长远的目标，考虑企业未来相当长一段时期内的问题。
指导性	战略确定企业在一定时期内的发展目标以及实现这一目标的基本途径。
现实性	战略应建立在现有的主观因素和客观条件基础之上。
竞争性	战略的目的是获得市场竞争的胜利。
风险性	战略以对环境的估计为基础，但环境处于不确定的变化中，所以任何战略都伴随风险。
创新性	因循守旧的战略无法适应内、外部环境的发展变化。
稳定性	战略在某种程度上保持相对稳定性，用以实现一定的战略目标。

第1章 战略概述

■ **企业生命周期视角下的战略管理与商业模式**

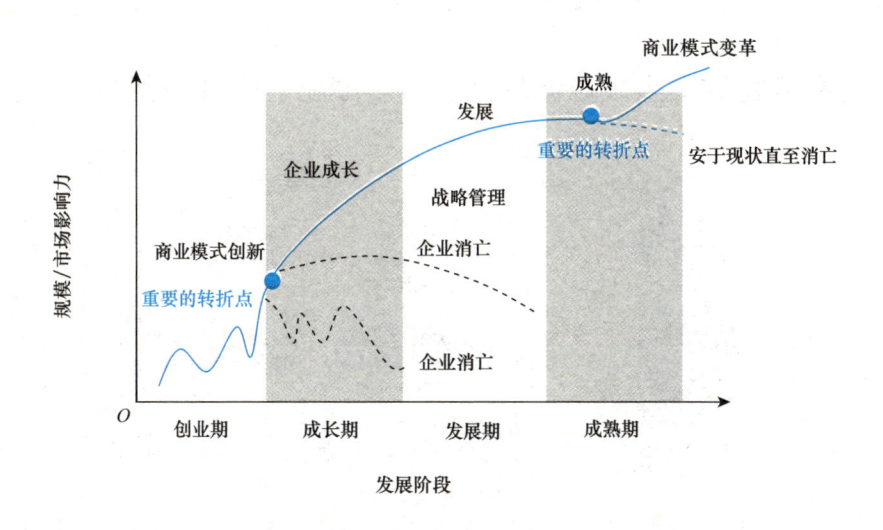

（图：纵轴为规模/市场影响力，横轴为发展阶段，包括创业期、成长期、发展期、成熟期。创业期到成长期的转折点为"商业模式创新"，为"重要的转折点"；成长期到发展期为"企业成长"，发展期为"战略管理"和"发展"；成熟期的转折点为"重要的转折点"，之后路径包括"商业模式变革"、"安于现状直至消亡"，以及"企业消亡"两条虚线。）

企业生命周期	企业生命周期是指企业发展与成长的动态轨迹，包括创业期、成长期、发展期、成熟期等阶段。经历不同阶段后，企业通常会面临消亡、稳定、转向三种结局。
商业模式创新	在创业期，商业模式创新是创业企业生死存亡的关键。创业时，企业的首要目标是"做成"，通过盈利模式、运营模式、价值模式的设计获得收入和利润。
战略管理	在成长期、发展期和成熟期，战略管理是企业充分应对市场竞争，实现"做大""做强"目标的关键。 活下来之后，企业的目标变为"做大"。随着企业的成长，目标变为"做强"，如何通过战略管理应对竞争，达成内部共识就成为企业发展的关键。
商业模式变革	在成熟期的后期，商业模式变革是成熟企业转型升级的关键。企业的最终目标一定是"做久"，企业的基业长青取决于适时地开展商业模式变革。

1.2 认识战略

■ 战略的层级：总体战略、竞争战略、职能战略

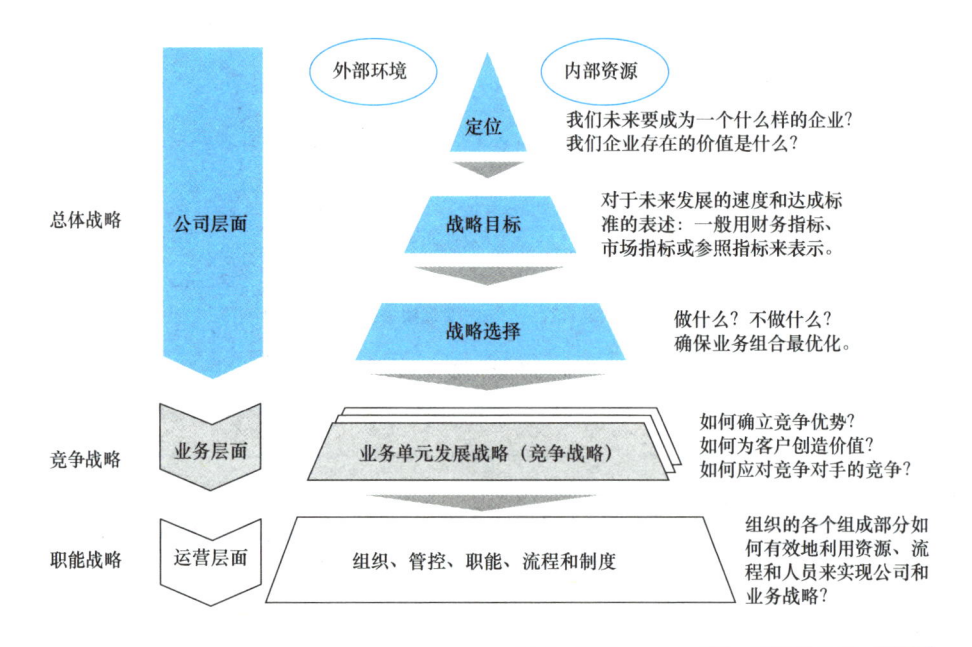

```
                    外部环境        内部资源

                         定位          我们未来要成为一个什么样的企业？
                                      我们企业存在的价值是什么？

总体战略    公司层面    战略目标       对于未来发展的速度和达成标
                                      准的表述：一般用财务指标、
                                      市场指标或参照指标来表示。

                        战略选择      做什么？不做什么？
                                      确保业务组合最优化。

竞争战略    业务层面    业务单元发展战略（竞争战略）    如何确立竞争优势？
                                                      如何为客户创造价值？
                                                      如何应对竞争对手的竞争？

职能战略    运营层面    组织、管控、职能、流程和制度    组织的各个组成部分如
                                                      何有效地利用资源、流
                                                      程和人员来实现公司和
                                                      业务战略？
```

总体战略   总体战略又称公司战略、集团战略，是一个企业的总体目标、方向指引，包括使命、愿景、价值观、战略定位，以及一体化战略、多元化战略、战略联盟等战略选择问题。

竞争战略   竞争战略又称业务单元战略、业务战略，是在总体战略指导下，经营管理某一个业务单元的战略计划，是总体战略之下的子战略，为企业整体目标服务，主要包括顾客选择、产品与服务、竞争优势等议题。

职能战略   考虑如何有效组合企业内部资源来实现总体战略和竞争战略，主要包括营销战略、人力资源战略、财务战略。

三层级战略从上到下是包含与被包含、指导与被指导、服从与被服从的关系。

资料来源：北京正略钧策企业管理咨询公司.

第1章 战略概述

■ **战略的层级：不同层级所要回答的问题**

战略层级	问题类型	问题列举	战略管理难度
高 ↑	关乎生存的焦点问题	怎么设计发展方向、方式？ 怎么完成转型？ 怎么再造商业模式？ 怎么进行市场再定义？	大动干戈 破坏性构建 痛苦的转型
	核心的策略性问题	怎么建立运营体系？ 怎么构筑人力资源体系？ 怎么构筑职能战略？	机制设计 资源优化配置政策，流程优化
	重大的效率性问题	怎么处理成本问题、周转率问题？ 怎么挖掘客户价值？	更好地处理问题 挖掘潜力
↓ 低	重要的技术性问题	怎么找人才？ 怎么取舍产品？	操作原则的确立 管理的落实

战略层级越高，战略境界越高，所需解决的问题越抽象，也越根本。

总体战略回答的问题

我们未来要成为一个什么样的企业？我们企业存在的价值是什么？

总体战略强调"做一件正确的事情"。

总体战略以价值为取向，并以抽象原则为基础，忽略具体性原则。

总体战略注重深远性和未来性，代表了企业的发展方向。

竞争战略回答的问题

如何确立竞争优势？如何为客户创造价值？如何应对竞争对手的竞争？

竞争战略主要考虑企业如何在特定的市场上获取竞争优势。

职能战略回答的问题

组织各个组成部分如何有效地利用自身资源、流程和人员来实现总体目标和竞争战略？

职能战略更强调"如何将一件事情做正确"。

资料来源：上海华彩管理咨询公司.

图解战略与商业模式

■ **战略的内核：使命、愿景、价值观等企业哲学是公司战略内核，公司从企业哲学中衍生出中长期经营逻辑**

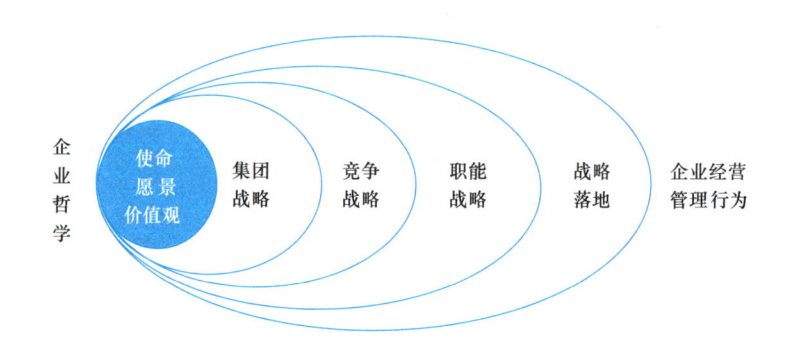

企业哲学　使命愿景价值观　集团战略　竞争战略　职能战略　战略落地　企业经营管理行为

战略的逻辑图

企业哲学　企业哲学包括使命、愿景、价值观，是企业的战略内核。

企业哲学关系着企业的生存和发展，企业战略的制定从明确企业哲学开始。

使命　使命是公司存在的理由，回答"企业生存的价值在哪里"，是创始人愿意用自己的生命去捍卫的事业。

愿景　愿景是公司未来的目标，回答"我们未来是怎样的一个企业"。

愿景源自使命，同时它是创始人对未来变化的某种假设，是创始人对未来最有可能发生的产业终局的预判。

价值观　价值观是公司的经营理念，回答"公司倡导什么，反对什么"。

第1章 战略概述

1.3 战略悖论

■ 悖论1：战略是精心的"规划"，也是无意的"浮现"

预想的战略 → 深思熟虑的战略 → 实现的战略

无法预知的变化 → 未实现的战略

浮现的战略

设计战略 VS 浮现战略

伊卡洛斯悖论	企业由于战略刚性，而忽视变革，以及管理、技术、经营模式的更新，这会使其难以适应迅速变化的环境，在新的竞争中失去优势。 企业战略管理有"精心设计"和"自然浮现"两个机制。
设计战略	战略是深思熟虑的结果，是一个由前瞻性思维主导的、经过精心设计的、关于未来行动意图的表述。
浮现战略	战略不是有意设计出来的，而是在管理实践中浮现出来并逐步完善的。战略也可能是突现的、随机应变的、自发式的、浮现的。 企业首先从试验开始，在经营实践中去粗取精，去伪存真，培育出符合企业自身文化特点与外部环境的发展战略。 战略的形成过程是一个"试验—构想—设计"的过程。

资料来源：亨利·明茨伯格. 战略过程——概念、情境、案例[M]. 北京：人民大学出版社，2005.

15

悖论 2：战略是理性的"分析"，也是感性的"构建"

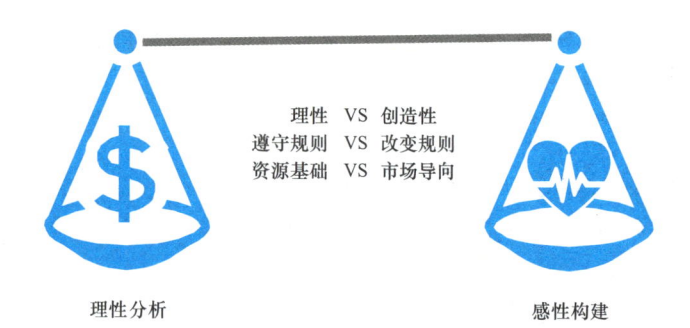

理性 VS 创造性
遵守规则 VS 改变规则
资源基础 VS 市场导向

理性分析　　　　　　　　感性构建

理性 VS 创造性：战略思维的本质是什么？

理性：　　战略是在严谨推理的基础上进行的理性思考。

创造性：　战略从本质上来讲就是打破正统信条，运用非常规思维进行创造。

遵守规则 VS 改变规则：企业所处产业环境的可塑性问题

遵守规则：产业发展是一个演化过程，企业要么适应它，要么被它淘汰。

改变规则：产业环境可以由具有创新性的企业以多种方式重新加以塑造和改变。

资源基础 VS 市场导向：成功的战略所依赖的基础是什么？

资源基础：采用由里及外的视角，认为企业所拥有的资源是战略成功的基础，有什么资源就干什么事。

市场导向：采用由外及里的视角，认为对于市场的选择以及在其中的定位是制定战略的核心，市场需要什么、什么行业好就选择什么。

悖论 3：战略的权衡：竞争 VS 合作？营利 VS 责任？

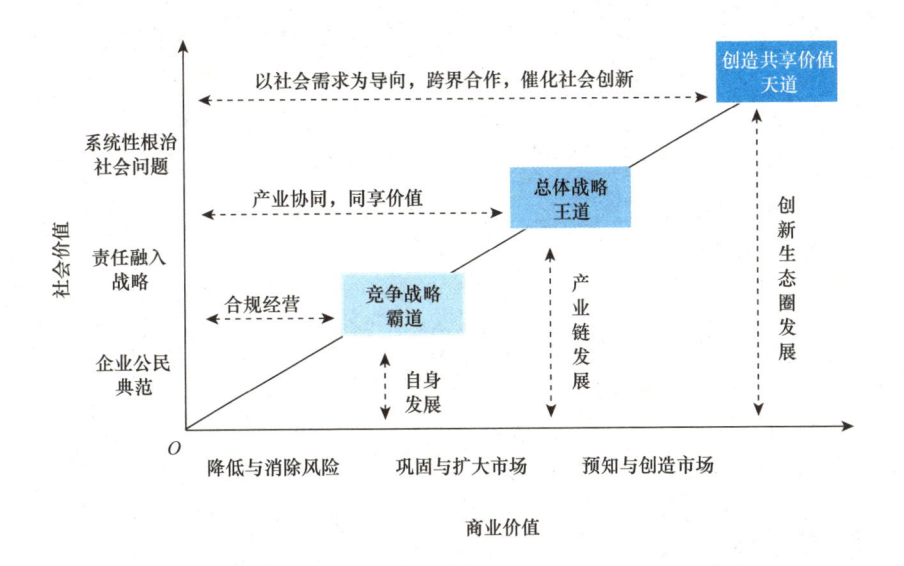

```
社会价值
  │
系统性根治                              以社会需求为导向，跨界合作，催化社会创新    创造共享价值
社会问题                          ┌─────────────────────────────────────────┐      天道
                                                                                    ↑
责任融入                          产业协同，同享价值                  总体战略       │
战略                         ┌────────────────────────┐              王道          创新
                                                                      ↑           生态圈
           合规经营              竞争战略                              │            发展
         ┌──────────┐            霸道                  产业链           │
企业公民                                                发展            │
典范                              ↑                    │               │
                                 自身                   │               │
                                 发展                   │               │
  O ────────────────────────────────────────────────────────────────────→
       降低与消除风险         巩固与扩大市场         预知与创造市场
                                                                   商业价值
```

竞争 VS 合作：公司如何处理与其他独立公司的关系？

竞争：公司与外部公司／对手之间是竞争关系，通过市场进行交易。

合作：通过牺牲一定程度的独立性而获取合作收益，通过联盟进行合作。

营利 VS 责任：组织的目标应该是什么？

营利观：设立公司就是为了实现其股东利益最大化，经济绩效是直接目的。

责任观：企业是由各种利益相关者构成的联合体，应该按照其利益和价值来实施相关战略，并将其作为企业社会责任来创造共享价值。

全球化 VS 本土化：企业针对国际化环境应采取什么战略？

全球化：战略重点是通过全球化获得全球范围内的效率，采取全球化战略。

本土化：战略重心是对当地政策的灵活反应，采取本土化战略。

战略是可以实现双方共赢、达到双目标的非零和博弈。

第 2 章

环境分析

2.1 环境分析概述

2.2 宏观环境分析

2.3 行业环境分析

2.4 竞争环境分析

2.5 市场环境分析

2.6 内部环境分析

2.7 内、外部环境的匹配分析

2.1 环境分析概述

■ 环境分析的五个层级：从大到小，从外到内，从高到低

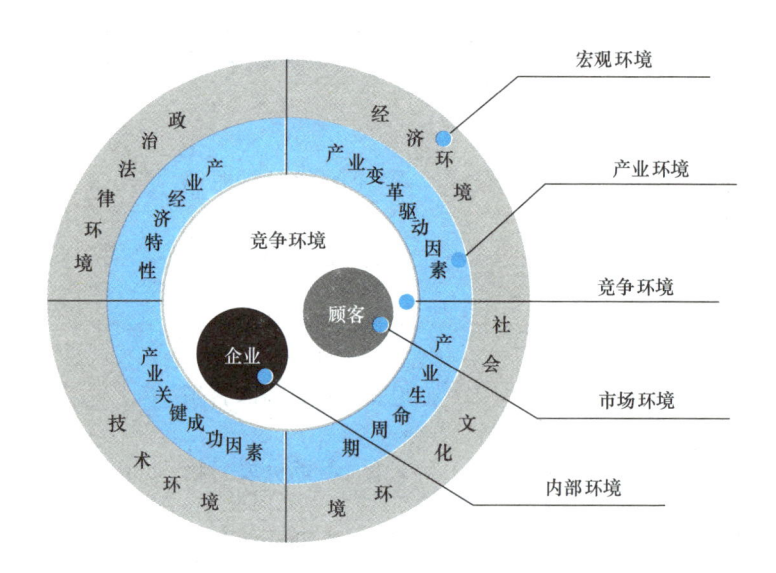

（图示：宏观环境、产业环境、竞争环境、市场环境、内部环境；包含政治法律环境、经济环境、社会文化环境、技术环境；产业经济特性、产业变革驱动因素、产业生命周期、产业关键成功因素；企业、顾客）

宏观环境	政治法律环境、经济环境、社会文化环境、技术环境。
产业环境	产业生命周期、产业经济特性、产业变革驱动因素、产业关键成功因素。
竞争环境	供方议价能力、买方议价能力、现有竞争者的竞争能力、替代品的替代威胁、潜在竞争者的进入威胁。
市场环境	市场细分、目标市场选择、市场定位。
内部环境	内部资源、内部能力。

第 2 章 环境分析

■ **环境分析的三大视角：历史视角、现实视角、未来视角**

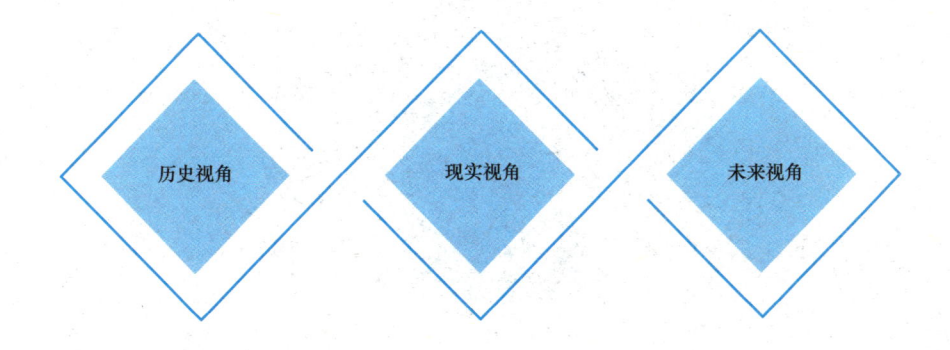

```
[历史视角]    [现实视角]    [未来视角]
```

历史视角：历史经验　行业历史研究是为了探究该行业产生、发展、演变的历程，通过对行业历史的把握，更好地研究行业发展的现状与未来趋势。

现实视角：行业特性　对行业发展现状的研究是为了更好地把握行业的规模结构、竞争格局，分析主要影响因素和行业关键成功因素，进而为企业发展方向提供指导和依据。

未来视角：未来趋势　未来趋势分析为企业提供可选择的机会，为能力提升做好必要的准备。

行业分析需要思考已经发生的事对未来的影响，动态看待企业成长、行业变化的过程。

环境分析的四大障碍：定式思维、权威思维、从众思维、教条思维

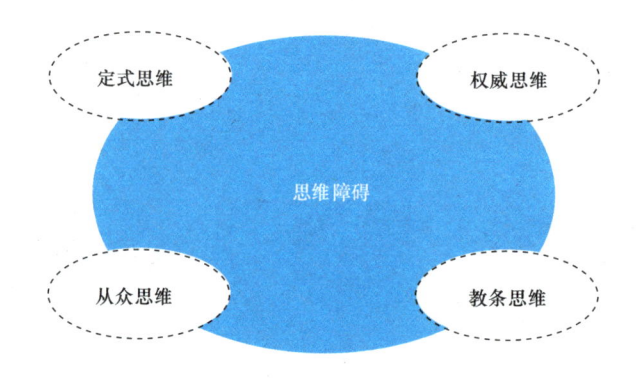

```
    定式思维              权威思维

              思维障碍

    从众思维              教条思维
```

理论是灰色的，生活之树常青

定式思维 过去的思维影响当前的思维。分析者会不自觉地用某种习惯了的思维思考已经变化的行业。

典型：外部环境的线性预测、内部能力的线性发展。

权威思维 人们对权威人士言行的一种不自觉的认同和盲从。

典型：制定战略中的各种"专家"。

从众思维 不假思索地盲从众人的认知与行为。

典型：对标杆企业的盲目"复制"。

教条思维 盲目崇拜理论和假设，把它们当作框框，束缚自己的思考，而看不到理论与现实之间的巨大差异。

第 2 章 环境分析

■ **环境分析的五大思维：问题意识、客户意识、怀疑精神、逆向思维、危机思维**

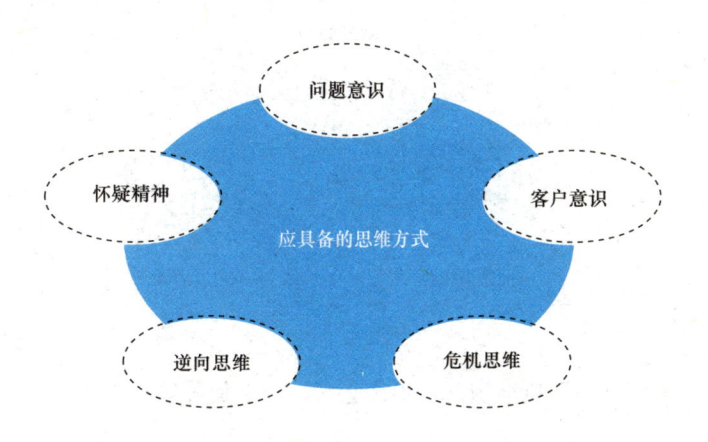

```
           问题意识
  怀疑精神           客户意识
       应具备的思维方式
    逆向思维      危机思维
```

解放思想 黄金万两 理念一变 天地一新

问题意识　　行业分析要从宏观、产业、竞争、市场和企业内部可能遇到的问题角度出发。

客户意识　　行业分析要站在消费者、利益相关方的角度去考虑问题，而不是以企业自我为中心。

怀疑精神　　在行业分析时对既有秩序、原理、行业假设、基本规则的怀疑和挑战是非常必要的。

逆向思维　　行业分析在必要时需要完全反方向地进行颠覆性思考。

危机思维　　行业分析需要时刻具有危机感。

环境分析的五大结果：五种机会

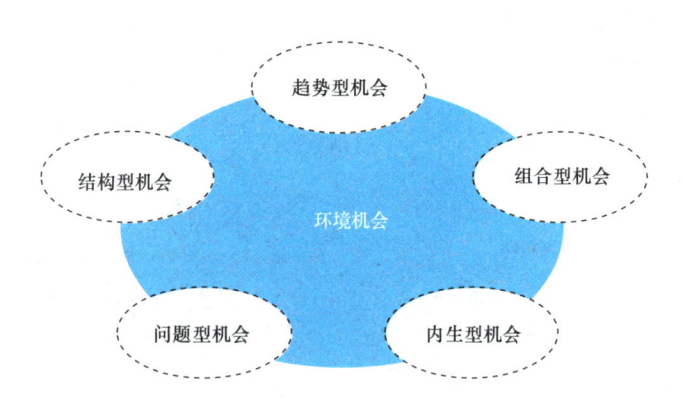

```
        趋势型机会
结构型机会         组合型机会
      环境机会
  问题型机会    内生型机会
```

机会识别一半是艺术，一半是科学。

趋势型机会（宏观环境分析）

在宏观环境的变化、危机、周期中看到未来的发展方向，预测到将来的潜力和机会。

结构型机会（行业环境分析）

在产业结构分析中找出未来业务成长的机会。

组合型机会（竞争环境分析）

由竞争要素的重新组合所产生的一类机会。

问题型机会（顾客环境分析）

由现实中存在的未被解决的顾客问题所产生的一类机会。

内生型机会（内部环境分析）

由破解企业内部资源与能力的困局，或为企业资源能力找到新场景所产生的一类机会。

环境分析的内、外结论：外部机会与威胁，内部优势与劣势

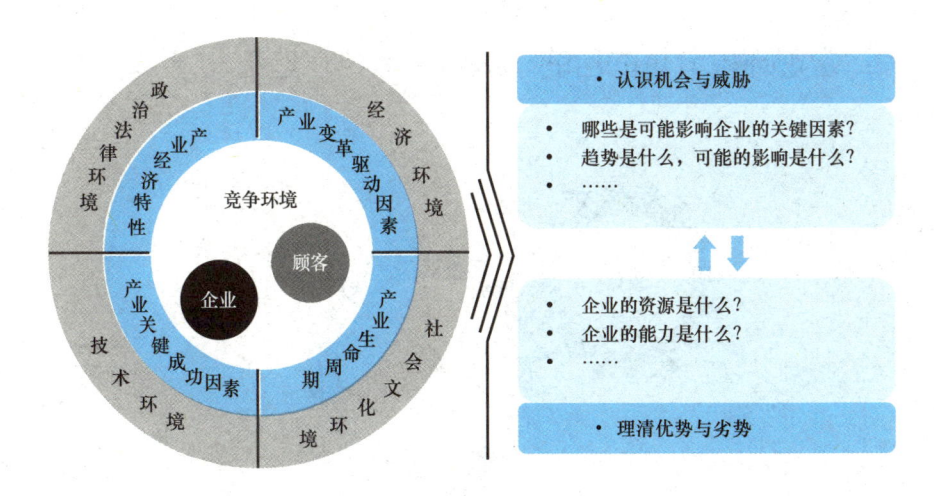

外部机会 机会是企业外部的有利因素，可能包括：新产品、新市场、新需求、外部市场壁垒解除、竞争对手失误，等等。

外部威胁 威胁是企业外部的不利因素，可能包括：新的竞争对手，增加的替代产品，市场紧缩，行业政策变化，经济衰退，客户偏好改变，突发事件，等等。

内部优势 优势是企业内部的有利因素，可能包括：有利的竞争态势，充足的财政来源，良好的企业形象，技术力量，规模经济，产品质量，市场份额，成本优势，广告攻势，等等。

内部劣势 劣势是企业内部的不利因素，可能包括：设备老化，管理混乱，关键技术缺乏，资金短缺，经营不善，产品积压，竞争力差，等等。

2.2 宏观环境分析

■ 宏观环境分析的目的：识势、借势、造势

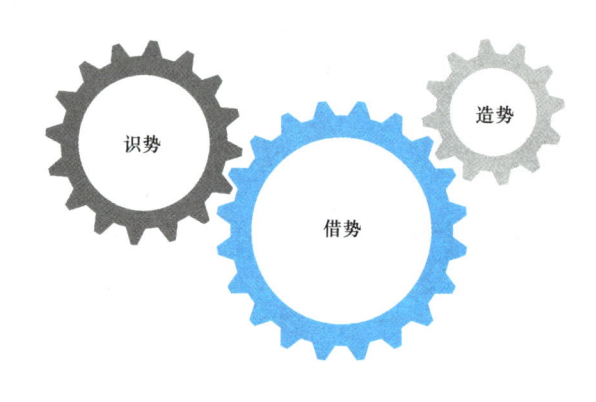

识势　借势　造势

趋势是朋友

孙子兵法·势篇

摘录1： 凡战者，以正合，以奇胜。

故善出奇者，无穷如天地，不竭如江海。

声不过五，五声之变，不可胜听也；色不过五，五色之变，不可胜观也；味不过五，五味之变，不可胜尝也；战势不过奇正，奇正之变，不可胜穷也。

奇正相生，如循环之无端，孰能穷之哉！

摘录2： 故善战者，求之于势，不责于人，故能择人而任势。

任势者，其战人也，如转木石。

木石之性，安则静，危则动，方则止，圆则行。故善战人之势，如转圆石于千仞之山者，势也。

资料来源：孙子兵法·势篇．

第 2 章 环境分析

■ 宏观环境分析的关键：找到变化、危机、周期

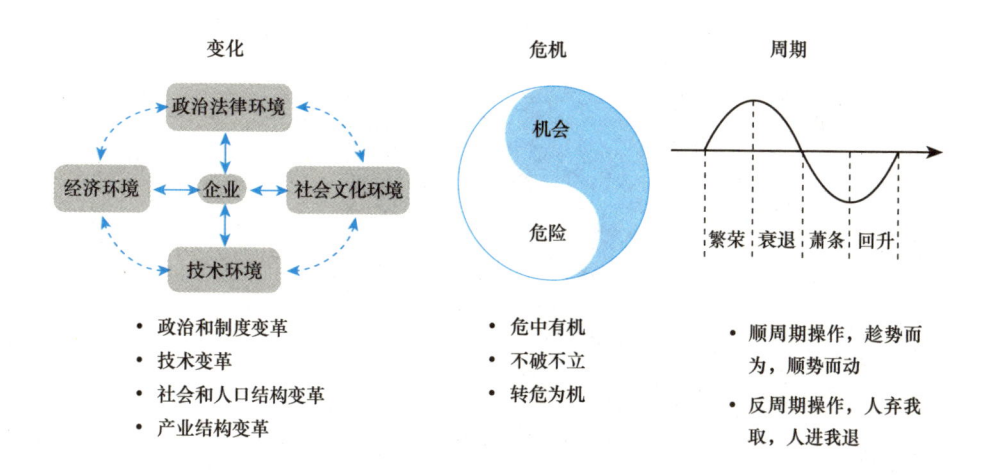

变化

政治法律环境 ↔ 企业 ↔ 社会文化环境
经济环境 ↔ 企业 ↔ 技术环境

- 政治和制度变革
- 技术变革
- 社会和人口结构变革
- 产业结构变革

危机

机会 / 危险

- 危中有机
- 不破不立
- 转危为机

周期

繁荣、衰退、萧条、回升

- 顺周期操作，趋势而为，顺势而动
- 反周期操作，人弃我取，人进我退

三十年河东，三十年河西

宏观环境的变化、危机、周期是趋势型机会的重要来源。

扫描：确认环境变化和趋势的早期信号。

监测：持续观察环境变化和趋势，探索其中的含义。

预测：根据所跟踪的变化和趋势，对结果做出预测。

评估：依据环境变化或趋势的时间点和重要程度，决定企业的战略和管理。

变化是机会的重要来源，没有变化就没有机会。

危机 = 危险 + 机会，奇正相生，危中有机。

周期，终而复始，日月是也。死而更生，四时是也。

图解战略与商业模式

■ 宏观环境分析的难点

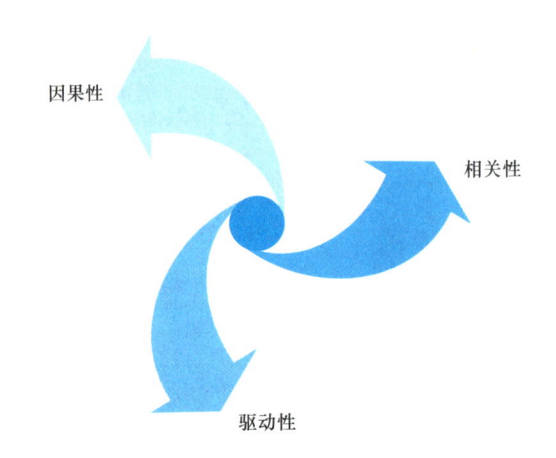

因果性

相关性

驱动性

在多维度海量资料中迷失或"陷入臭氧层空谈"

相关性　宏观环境的变化与行业发展的变化之间呈现出某种规律性,例如正相关、负相关等。

相关性研究主要利用客观数据进行分析,利用图表表达,适用于对经济环境的研究。

因果性　宏观环境的变化会导致行业发展的变化。

因果性研究主要利用文字描述进行表达,适用于对政策环境的研究。

驱动性　宏观环境的变化为行业发展的变化提供了机会或者威胁。

驱动性研究主要利用文字描述进行表达,适用于技术、社会环境的研究。

第 2 章 环境分析

■ **宏观研究需要从地域、时间、机会/威胁三个层面展开**

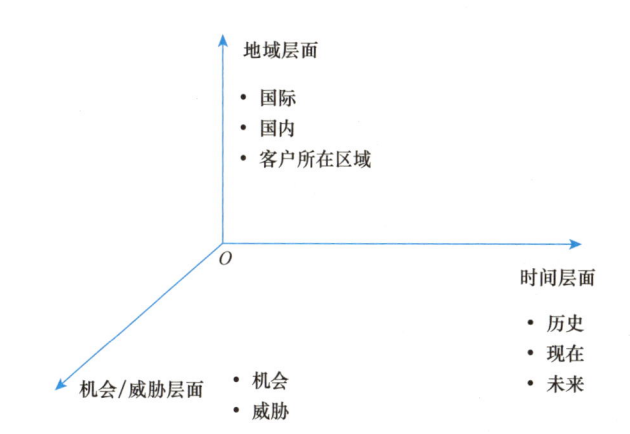

```
                    ↑ 地域层面
                    • 国际
                    • 国内
                    • 客户所在区域

              O                           → 时间层面
                                            • 历史
                                            • 现在
          ↙                                 • 未来
    机会/威胁层面    • 机会
                    • 威胁
```

地域层面　　　国际层面；

　　　　　　　　国内层面；

　　　　　　　　客户所在区域层面。

时间层面　　　历史情况回顾；

　　　　　　　　现阶段情况分析；

　　　　　　　　未来情况预测。

机会/威胁层面　对行业发展的机会；

　　　　　　　　对行业发展的威胁。

典型工具——PEST 分析

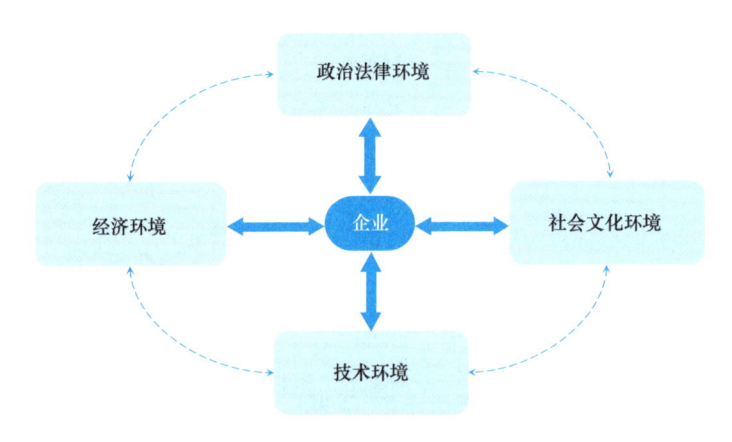

```
            政治法律环境
                ↕
经济环境 ↔  企业  ↔ 社会文化环境
                ↕
            技术环境
```

PEST 分析模型

政治法律环境　政府政策、政府管制、立法、国家政局……

经济环境　经济增长、财政货币政策、利率、汇率、消费价格指数、通货膨胀……

社会文化环境　生活方式、社会价值观、习惯习俗、教育水平……

技术环境　技术总体水平、技术突破、产品生命周期、技术变化速度……

第 2 章 环境分析

■ 因素1：政治法律因素，核心是企业相关政策分析

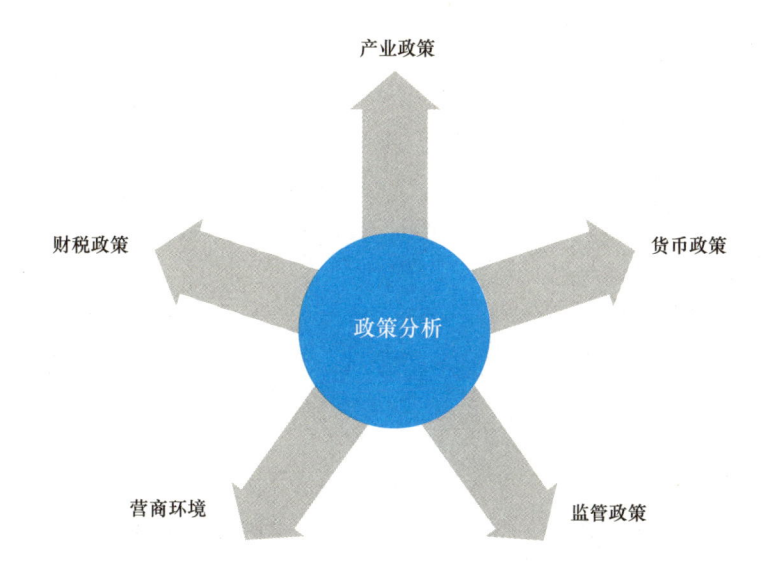

```
          产业政策
            ↑
财税政策 ↖     ↗ 货币政策
       政策分析
营商环境 ↙     ↘ 监管政策
```

产业政策　产业结构调整计划、产业扶持计划、财政投融资政策、货币手段、项目审批等。

财税政策　财政政策、税收政策等。

货币政策　信贷政策、利率政策、外汇政策等。

监管政策　政府监督、政府管理、政府管制等。

营商环境　市场环境、政策政务环境、社会化服务环境、融资环境、法治环境等。

因素 2a：经济因素——罗斯托经济增长阶段论

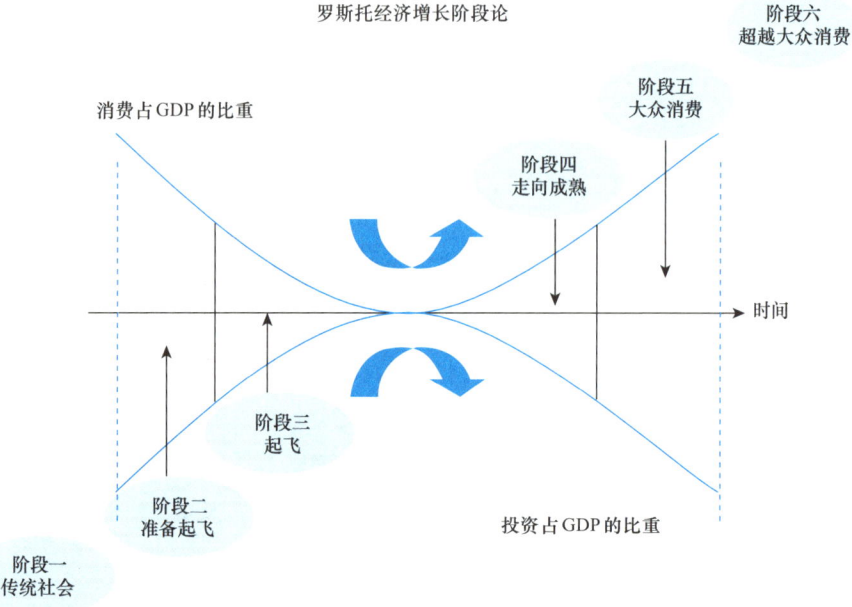

罗斯托经济增长阶段论

消费占GDP的比重

阶段六 超越大众消费
阶段五 大众消费
阶段四 走向成熟
阶段三 起飞
阶段二 准备起飞
阶段一 传统社会

投资占GDP的比重

时间

罗斯托经济增长阶段论

经济发展的6个阶段依次是传统社会阶段、准备起飞阶段、起飞阶段、走向成熟阶段、大众消费阶段和超越大众消费阶段。

经济起飞需要3个条件

①较高的积累率，即积累占国民收入的10%以上；

②有起飞的主导部门；

③建立能保证起飞的制度，例如建立使私有财产有保障的制度，建立能代替私人资本进行巨额投资的政府机构，等等。

经济因素分析的典型指标

经济增长率、贷款的可得性、可支配收入水平、居民消费（储蓄）倾向、汇率、进出口、不同地区和消费群体间的收入差别、价格波动、工资水平等。

资料来源：罗斯托. 经济成长的阶段 [M]. 北京：中国社会科学出版社，2001.

因素 2b：经济因素——经济周期四阶段

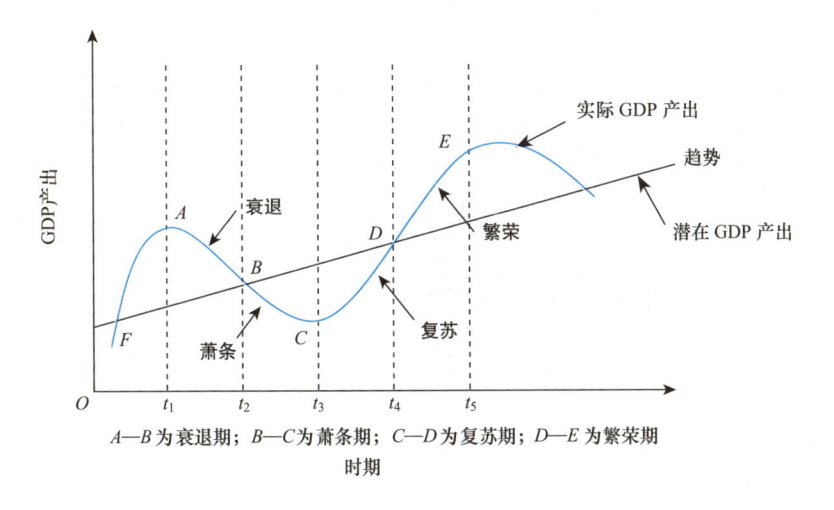

```
GDP产出
                                        实际GDP产出
                          E
                A    衰退          趋势
                   B      D  繁荣
                              潜在GDP产出
           F         C   复苏
             萧条
         O   t₁   t₂  t₃  t₄  t₅
         A—B 为衰退期；B—C 为萧条期；C—D 为复苏期；D—E 为繁荣期
                            时期
```

经济周期	经济周期一般是指经济活动沿着经济发展的总体趋势所经历的有规律的扩张和收缩。
	经济周期是国民总产出、总收入和总就业的波动，是国民收入或总体经济活动扩张与紧缩的交替或周期性波动变化。
繁荣期	经济和通货膨胀加速上升，企业的盈利水平高速上升。大宗商品是繁荣期投资者的最佳选择。
衰退期	经济增长的速度逐渐变慢，市场逐渐萎缩导致企业供大于求，盈利水平下降，物价和通货膨胀进一步走低。债券是衰退期最好的投资目标。
萧条期	通货膨胀开始上升，失业率增大，政府加大调控力度。现金是该阶段最好的资产。
复苏期	经济加速向上，通货膨胀下降，经济慢慢从衰退中走出。股票是收益率较高的投资产品。

资料来源：曼昆. 经济学原理[M]. 8 版. 北京：北京大学出版社，2020.

因素3：社会文化因素

```
        人口因素
文化因素         社会阶层
      社会文化因素
宗教习俗         社会心理
        民族传统
```

人口因素　　典型指标包括人口规模、年龄结构、人口分布、种族结构、收入分布等。

文化因素　　典型指标包括共同价值观、审美观点、价值传统、生活理念等。

宗教习俗　　典型指标包括宗教信仰、生活习俗等。

民族传统　　典型指标包括共同行为偏好、共同价值观念、共同生活习俗等。

社会阶层　　典型指标包括社会阶层的分层情况及转换、城镇化的分布情况。

社会心理　　典型指标包括从众、求异、攀比、求实等。

因素 4a：技术因素——技术演进曲线

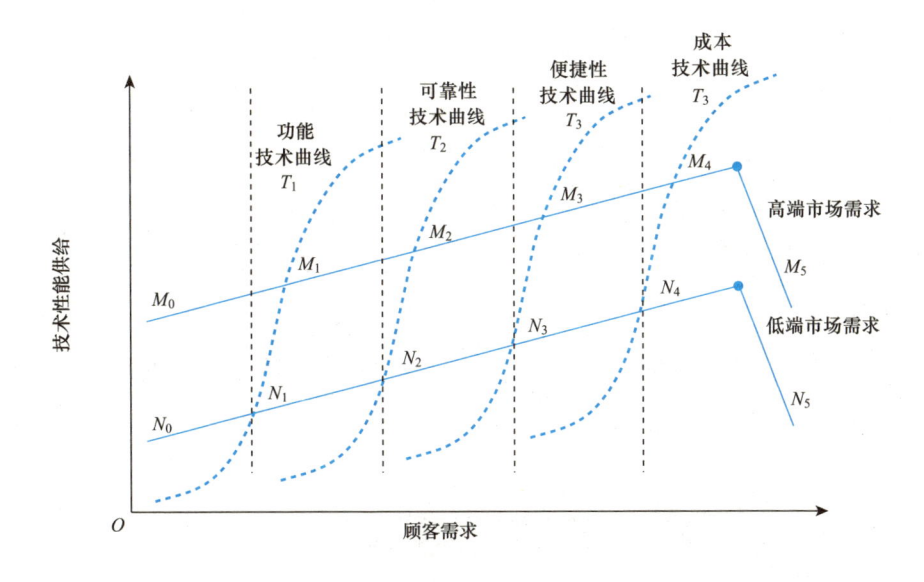

S 形曲线进化

企业、市场、产品、技术等的发展，遵循 S 形曲线的发展趋势。

顾客需求与技术性能供给演进曲线

一个企业一般处于一条 S 形曲线上，并沿该条曲线不断从低端到高端演进。

不同的企业会沿着"性能→可靠性→便捷性→成本"的方向横向递进演化，很少有企业能够跨越 S 形曲线。

跨越 S 形曲线

不管曾经多么辉煌的业务，都迟早会丧失成长空间。面对这一令人不快的现实，企业不得不周期性地进行业务重塑，即从一条曲线跃迁到另外一条曲线。

这种自我延续、跃迁的能力，也就是从业务成熟的阶段跳跃到下一个发展阶段的能力，这正是区分卓越绩效企业与昙花一现企业的关键。

资料来源：保罗·纽恩斯. 跨越 S 曲线 [M]. 北京：机械工业出版社，2013.

因素 4b：技术因素——技术周期

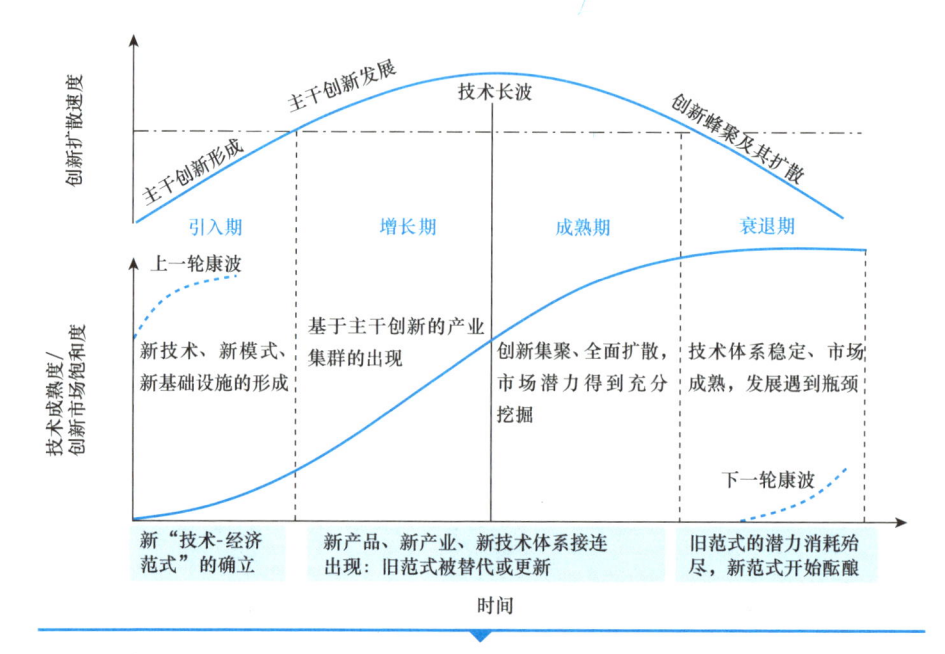

纵轴（上）：创新扩散速度
纵轴（下）：技术成熟度/创新市场饱和度
横轴：时间

曲线阶段标注：
- 主干创新形成 / 主干创新发展 / 技术长波 / 创新蜂聚及其扩散
- 引入期 / 增长期 / 成熟期 / 衰退期
- 上一轮康波 …… 下一轮康波

各阶段说明：
- 引入期：新技术、新模式、新基础设施的形成
- 增长期：基于主干创新的产业集群的出现
- 成熟期：创新集聚、全面扩散，市场潜力得到充分挖掘
- 衰退期：技术体系稳定、市场成熟，发展遇到瓶颈

底部说明：
- 新"技术-经济范式"的确立
- 新产品、新产业、新技术体系接连出现：旧范式被替代或更新
- 旧范式的潜力消耗殆尽，新范式开始酝酿

技术变革周期由引入期、增长期、成熟期和衰退期四个阶段构成。

引入期：技术的时代

新产品和新技术的出现最能点燃人们的投资热情。

增长期：金融的时代

技术开始出现大规模扩散，高利润的回报助涨金融资本的疯狂与投机行为。

转折点：反思和调整发展路线

金融泡沫崩溃作为转折点的标志性事件。

成熟期：生产的时代

成熟期是技术狂热之后的一个稳定扩散期，不仅在本国扩散，也开始向外围国家扩散，康波中的追赶国开始进入工业化进程。

衰退期：质疑自满情绪的时代

技术成熟后利润率出现了下降趋势。

资料来源：佩蕾斯. 技术革命与金融资本[M]. 北京：人民大学出版社，2007.

■ 因素4c：技术因素——熊彼特的创造性毁灭

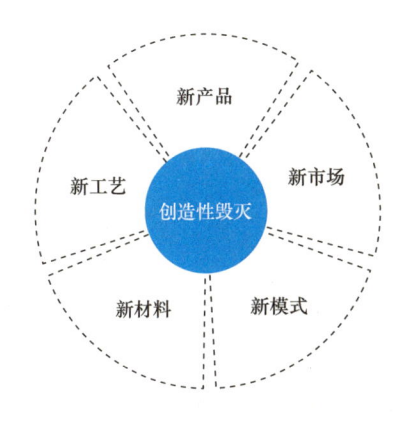

- 创造性毁灭往往用新产品、新企业或新组织淘汰旧产品、旧企业或旧组织。
- 企业战略的重要性在于反对旧的背景，创造新的环境。
- 企业战略的奥秘在于创造性毁灭，即打破旧的默认假设，形成新的主导逻辑，而不是默认"行业和环境一成不变"。

新产品　采用一种新产品，是消费者还不熟悉的产品，或具有某种新特性的产品。

新工艺　采用一种新生产方法，也就是在有关制造部门尚未通过经验检定的方法。

新市场　开辟一个市场，即某一制造部门以前不曾进入的市场，不管这个市场以前是否存在。

新材料　掠取或控制原材料或半制成品的一种新供应来源，不论这种来源是已经存在的，还是第一次创造出来的。

新模式　建立一种新产业组织，比如建立一种垄断地位或打破一种垄断地位。

资料来源：熊彼特.经济发展理论[M].北京：华夏出版社，2015.

因素 4d：技术因素——技术因素的整合分析

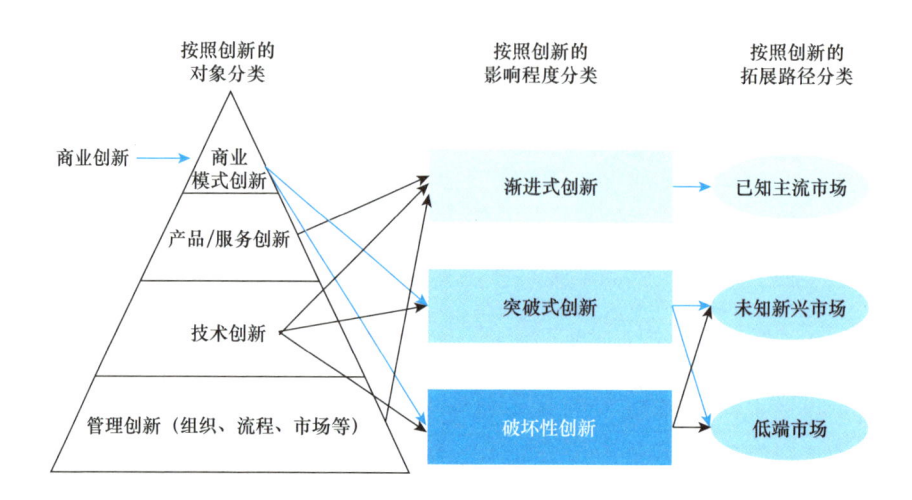

按照创新的对象分类：
- 商业创新 → 商业模式创新
- 产品/服务创新
- 技术创新
- 管理创新（组织、流程、市场等）

按照创新的影响程度分类：
- 渐进式创新
- 突破式创新
- 破坏性创新

按照创新的拓展路径分类：
- 已知主流市场
- 未知新兴市场
- 低端市场

渐进式创新　在现有基础上，通过不断、渐进、连续的小创新，优化和改善产品功能或是用户体验。

突破式创新　通过突破性的技术创新，使新产品在各个层面上都优于原有的产品。

破坏性创新　这是一种与主流市场发展趋势背道而驰的创新活动，分为新市场破坏和低端市场破坏两种模式。

新市场破坏并不会正面侵犯主流市场，而是与非消费者竞争。

低端破坏是指在现有的市场和价值网络内，以低成本的商业模式，通过吸引主流企业不看重的低端顾客的消费而发展壮大。

不同类型创新的关系　管理创新是基础；技术创新是基石；产品/服务创新是核心；商业模式创新是"灵魂"，是"上层建筑"。

2.3 行业环境分析

行业环境分析的主要目标

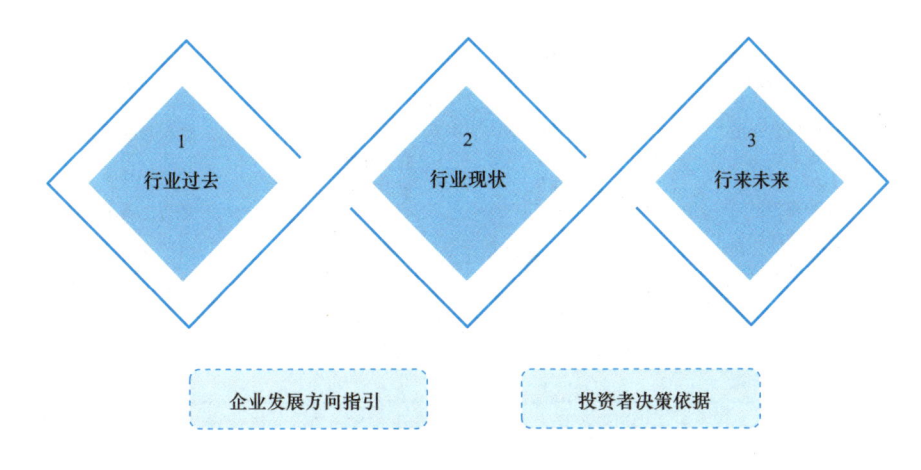

| 1 行业过去 | 2 行业现状 | 3 行来未来 |

企业发展方向指引　　　投资者决策依据

行业环境分析的概念　行业环境分析是指通过深入研究某一行业发展动态、规模结构、竞争格局以及综合经济信息等，为企业自身发展或行业投资者等相关客户提供决策参考依据。

行业环境分析的定位　行业环境分析是介于宏观经济研究与公司微观经济研究之间的，在经济学上可以称为中观层次研究。

行业环境分析的目的　行业环境分析是重点研究行业过去发展历程、行业现在发展现状和行业未来发展趋势，发现与挖掘行业发展阶段、主要影响因素及行业内的关键成功因素等，为企业发展方向提供指导及为投资者决策提供依据。

资料来源：上海文勤资本公司

图解战略与商业模式

■ 行业环境分析的基本认识

行业环境分析的基本认识			
有规律可循，无绝对壁垒	大处着眼，小处着手	方法+时间+专注	练好基本功
• 行业环境分析是有规律可循的 • 专业背景绝不是构成行业环境分析的绝对壁垒	• 行业环境分析需要从微观中来，也要到宏观中去 • 需要从坚持从"大处着眼，小处着手"角度去做行业环境分析	• 行业环境分析没有速成的捷径，唯有掌握正确的方法加上长期的专注才能成为一个真正的行业环境分析人员	• 资料搜集整理 • 资料归纳与分析 • 逻辑思维和独立思考 • 交流与沟通、结构化呈现

行业环境分析是有规律可循的

只要掌握了基本规律与方法，任何行业都是可以通过努力去研究与掌握的。

行业环境分析的关键

大处着眼，小处入手；从微观中来，到宏观中去。

"大处着眼"是指弄清所研究的行业在国民经济结构中的位置和地位，理解与掌握宏观经济变动对所研究行业的影响。

"小处着手"是指深入企业，并提炼出共性的精华。

行业环境分析需要具备的基本功

资料搜集整理能力（该资料包括一手资料、二手资料）。

资料归纳分析能力（归纳、洞察、分析能力）。

逻辑思维和独立思考能力（逻辑性是灵魂；独立性是根本；创新性是目标）。

交流与沟通能力、结构化呈现能力。

资料来源：上海文勤资本公司

第 2 章 环境分析

■ 行业环境分析回答的关键问题

行业环境分析回答的关键问题

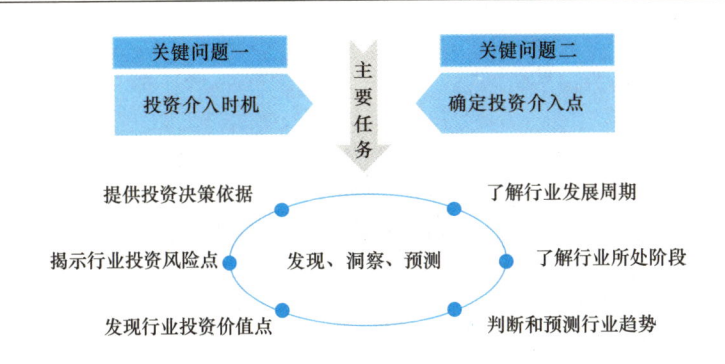

```
  关键问题一              主要           关键问题二
  投资介入时机             任务           确定投资介入点

提供投资决策依据                         了解行业发展周期
揭示行业投资风险点    发现、洞察、预测    了解行业所处阶段
发现行业投资价值点                       判断和预测行业趋势
```

研究投资介入时机问题

需要把握行业发展周期及目前所处的发展阶段，确定投资介入的较佳时机是否具备。较佳的宏观投资时机往往是决定投资能否成功的先决条件。

寻找投资介入点

找到行业内最具有价值的企业并研究其投资价值与风险点，最终落脚到需要投资的企业和标的上。

发现、洞察、预测

若要解决以上两个关键问题，需要深入研究，了解行业发展周期以及目前所处的阶段，分析影响行业发展的关键因素有哪些，判断和预测行业未来发展趋势，发现行业发展价值，揭示行业发展风险，进而提供投资决策依据。

资料来源：上海文勤资本公司

图解战略与商业模式

■ 行业环境分析的基本原则

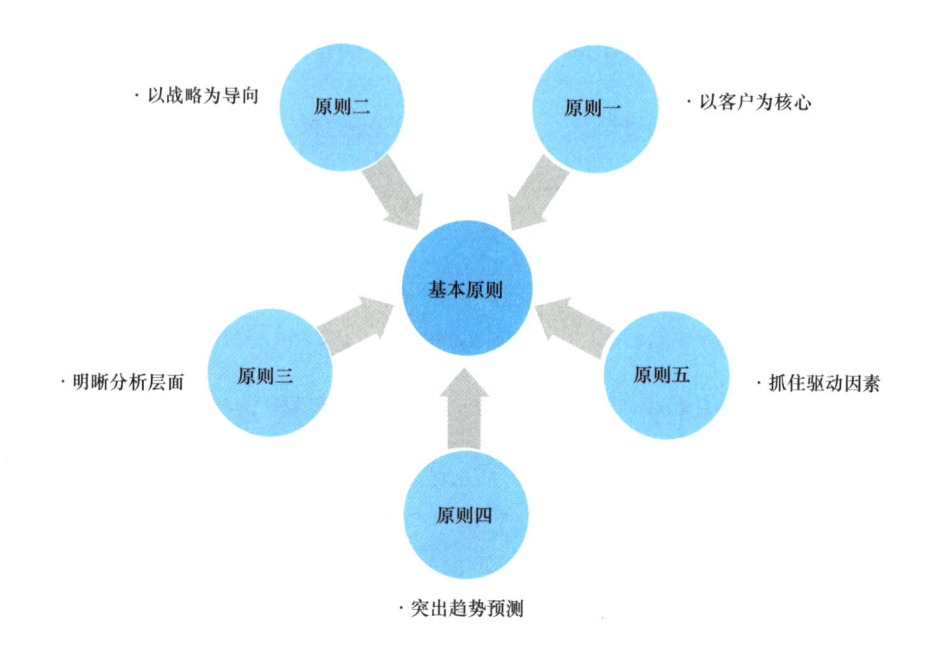

```
          原则二                原则一
      ·以战略为导向          ·以客户为核心
              ↘          ↙
                基本原则
              ↗    ↑    ↖
      原则三              原则五
  ·明晰分析层面                  ·抓住驱动因素
              
              原则四
          ·突出趋势预测
```

以客户为核心　围绕客户的具体问题设计相应的研究范畴，并将研究成果最终指引回客户角度。

以战略为导向　研究成果将重点服务于战略分析过程中的价值链等内容。

明晰分析层面　明确研究所涉及的层面以及某一层面所包括的研究对象。

突出趋势预测　根据各种角度的分析，提出对未来趋势的全面预测。

抓住驱动因素　根据宏观影响、行业概况和竞争状况的分析，全面准确地提炼各类驱动因素。

资料来源：北京正略钧策企业管理咨询公司

第 2 章 环境分析

■ 行业环境分析的基本方法

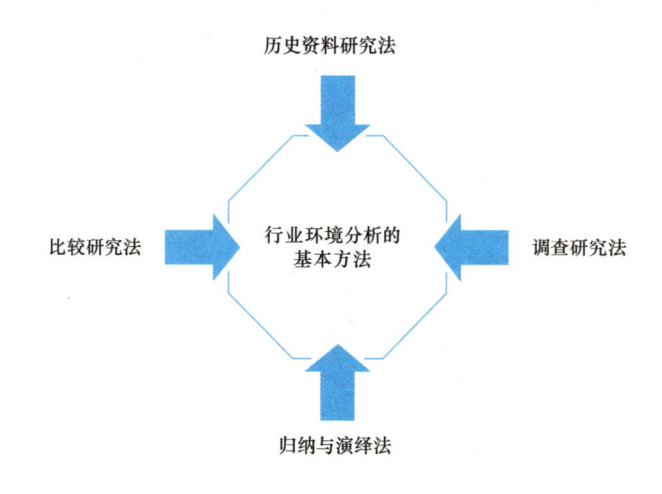

```
              历史资料研究法
                   ↓
比较研究法 →  行业环境分析的  ← 调查研究法
              基本方法
                   ↑
              归纳与演绎法
```

历史资料研究法　通过对已有资料的深入研究，寻找事实和一般规律，然后根据这些信息去描述、分析和解释过去的过程，同时揭示当前的状况，并依照这种一般规律对未来进行预测。

调查研究法　通过抽样调查、实地调研、深度访谈等形式，对调查对象进行问卷调查、访查、访谈以获得资讯，并对此进行研究。

归纳法与演绎法　归纳法是从个别到一般，从一系列特定的观察中发现一种模式，在一定程度上代表所有给定事件的秩序。

演绎法是从一般到个别，从逻辑或者理论上预期的模式到观察检验预期的模式是否确实存在。

比较研究法　横向比较一般是取某一时点的状态或者某一固定时段的指标，在这个横截面上对研究对象及其比较对象进行比较研究。

纵向比较主要是利用行业的历史数据，如销售收入、利润等，分析过去的增长情况，并据此预测行业的未来发展趋势。

资料来源：上海文勤资本公司

图解战略与商业模式

■ 行业环境分析的基本流程

界定行业 明确目标	搜集资料 分类整理	研究分析 深入浅出	多方探究 推敲验证	持续跟踪 与时俱进
• 界定所要研究的行业定义和范围 • 明确研究的内容、任务和目标	• 充分结合二手资料和一手资料 • 资料搜集目的明确 • 学会甄选、鉴别 • 做好分类管理	• 通读所有信息资料 • 搭建研究基本框架 • 进行框架内专题研究 • 撰写报告并总结观点 • 通读报告并修改完善 • 研究时做到深入浅出	• 与行业内多方专家及企业家沟通交流，推敲论证，完善研究内容	• 做行业环境分析时需要对一个行业进行持续跟踪观察 • 研究观点与行业发展与时俱进

第一步：界定行业 明确目标

选择与界定行业非常关键，最好通过资料初步了解该行业在国民经济链条的地位，以及该行业的一级分类和细分类别。

第二步：搜集资料 分类整理

研究的本质就是需要研究人员充分了解信息，在最大限度解决信息不对称的基础上做分析和判断。因此，搜集信息资料是其中非常关键的一环。从某些程度上来说，谁掌握了更多有价值的资料，谁就能做出更高质量的研究报告。

第三步：研究分析 深入浅出

通读所有信息资料，搭建研究基本框架，进行框架内专题研究，撰写报告，总结观点，修改完善。

第四步：多方探究 推敲验证

通过多方探究、推敲验证，适当地修改其中的研究内容，使研究报告更高质。

第五步：持续跟踪 与时俱进

行业环境分析不是一次性的短期任务，而是需要长期持续跟踪，才能形成深刻的行业理解和深远的行业洞察。

资料来源：上海文勤资本公司

第 2 章 环境分析

■ 研究对象的选择需要全面考虑客户现有业务、客户未来业务、客户股东期望、项目内容重点等方面因素

```
                    1  客户现有业务


                                    客户未来业务    2
            ┌─────────────────┐
            │  研究对象选择    │
            │ 需要考虑的因素   │
  4 项目内容重点 └─────────────────┘



                    客户股东期望    3
```

客户现有业务　　该业务指客户正在经营的业务,该部分研究是整个行业环境分析的重点,有必要展开全面、深入的研究。

客户未来业务　　该业务指客户打算进入或者正在规划的业务,该部分研究深度要求不高,只需阐明驱动因素和发展趋势即可。

客户股东期望　　一方面,根据客户股东期望,选择客户还可以进入的业务领域;

　　　　　　　　　另一方面,研究范畴可适当高于客户股东现有的视角。

项目内容重点　　根据项目内容重点,在对细分市场层面进行分解和产品层面进行选择时可以有所筛选,并不需要面面俱到。

资料来源:北京正略钧策企业管理咨询公司.

图解战略与商业模式

■ 典型工具1——产业经济特性

产业经济特性

市场规模	市场总量的大小。
市场增长率	市场规模增长的速度。
生产力过剩或紧缺	过剩往往会降低价格和利润率，紧缺则会提高价格和利润率。
产业盈利水平	高利产业吸引新的进入者，产业环境萧条往往会增加退出者。
进入退出障碍	壁垒高往往可以保护现有公司的地位和利润，壁垒低则使得该产业会轻易被新进入者突破障碍。
产品标准化	购买者的权力增大，因为他们可以轻易地转换卖者。
技术变革迅速	投资的技术设施或设备往往在尚未破损之前就已经陈旧过时。
资本条件	资本需求往往使投资决策成为一个关键因素，时间框架成为一个重要因素，成为一个进入和退出障碍。
垂直一体化	提高资本需求；在全线事例、部分事例和非事例的企业之间往往会产生竞争差异和成本差异。
规模经济	具有成本竞争力所必需的规模和市场份额的提高。
产品革新迅速	缩短产品生命周期；因为存在交替领先的机会，所以风险会增加。

资料来源：迈克尔·波特．竞争战略[M]．北京：华夏出版社，2005．

第2章 环境分析

■ 典型工具 2——产业变革驱动要素

```
            行业长期增长率的变化
                    ↓
产品使用方式的变化 →       ← 技术秘密的转移扩散
                  产业变革
          产品革新  驱动要素  大厂商的进入或退出
                    ↑
          技术创新        营销革新
```

行业长期增长率的变化	行业长期增长率的上升或下降会影响行业供应和购买需求之间的平衡，影响竞争厂商增加销售的难易程度。
产品使用方式的变化	产品使用方式的变化迫使行业中的竞争厂商改变客户服务的方式，改变行业产品销售结构，进而使生产商扩大或缩小产品线。
产品革新	产品革新会扩大行业的客户群，重新实现行业的增长，扩大竞争厂商之间产品的差异性，从而动摇已有的竞争结构。
技术创新	技术创新可以大大改变一个行业的结构，使得供应商以更低的成本生产新产品，打开了整个行业的前沿领域。
营销革新	如果竞争厂商能够成功地引入产品销售的新方式，那么就可以激起购买者的兴趣，扩大行业需求，提高产品差别度，降低单位成本。
大厂商的进入或退出	其他行业中的一家拥有相当实力的公司通过并购或建立自己的新公司进入本行业时，这家公司通常会以某种创造性的方式运用其技巧和资源，使竞争朝着新的方向发展。
技术秘密的转移扩散	当某项专有技术秘密被转移或扩散后，行业的竞争态势和竞争结构会发生重大转变。

资料来源：迈克尔·波特. 竞争战略[M]. 北京：华夏出版社，2005.

图解战略与商业模式

■ 典型工具 3——产业链：寻找利润点和控制点

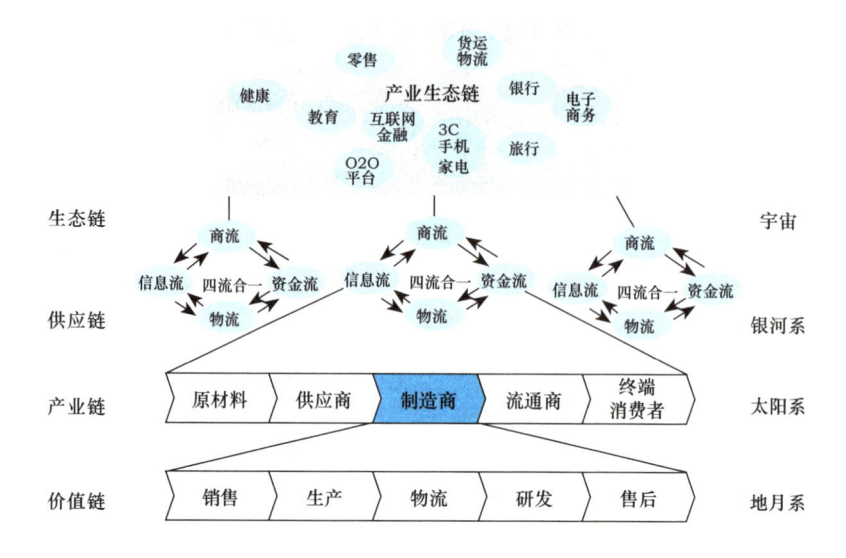

生态链 / 供应链 / 产业链 / 价值链

产业生态链：零售、货运物流、银行、电子商务、健康、教育、互联网金融、3C手机家电、旅行、O2O平台

商流、信息流、四流合一、资金流、物流

产业链：原材料、供应商、制造商、流通商、终端消费者

价值链：销售、生产、物流、研发、售后

对应层级：宇宙、银河系、太阳系、地月系

产业链分析   产业链分析是指将行业价值链各环节展开后对其利润区分布及战略控制点进行深入分析。

产业链分析的关键：利润点分析、控制点分析。

利润点分析   企业应将其价值链向高利润区进行延伸以获取更高的盈利能力。

战略控制点   战略控制点是指能对整个行业产生重大影响的关键环节（如，电脑行业的芯片）。企业应将其经营范围覆盖战略控制点，或与之结成战略同盟，以此来巩固其优势地位。

典型工具 4——产业生命周期

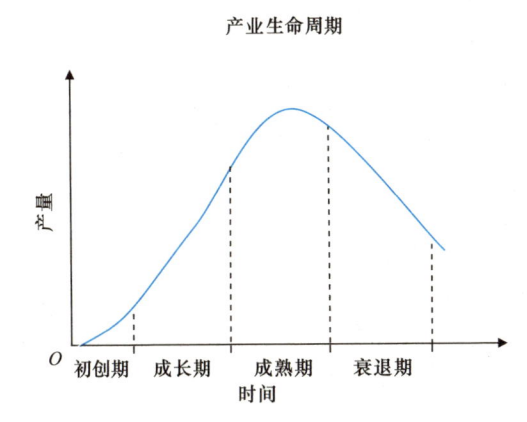

产业生命周期

- 漫长型产业生命周期（人类基本生活必需的产业和基础产业）
- 快速型产业生命周期（快速发展，迅速衰退）
- 夭折型产业生命周期（还没有进入成熟期就被市场淘汰）
- 突变型产业生命周期（包括重大技术创新的出现、国内市场的开辟、国际市场的开拓、新应用领域的开辟等）

产业生命周期：包括初创期（幼稚期）、成长期、成熟期、衰退期等四个阶段。

初创期　市场增长率较高，需求增长较快，技术变动较大，产业中的企业主要致力于开辟新用户，占领市场，但此时技术上有很大的不确定性，在产品、市场、服务等策略上有很大进步空间，对产业特点、产业竞争状况、用户特点等方面的信息掌握不多，企业进入壁垒较低。

成长期　市场增长率很高，需求高速增长，技术渐趋定型，产业特点、产业竞争状况及用户特点已比较明朗，企业进入壁垒提高，产品品种及竞争者数量增多。

成熟期　市场增长率不高，需求增长率不高，技术成熟，产业特点、产业竞争状况及用户特点非常清楚和稳定，买方市场形成，产业盈利能力下降，新产品开发困难，进入壁垒很高。

衰退期　市场增长率下降，需求下降，产品品种及竞争者数量减少。该阶段的衰退包括资源型衰退、效率型衰退、聚集过度型衰退。

资料来源：迈克尔·波特. 竞争战略[M]. 北京：华夏出版社，2005.

基本效应1——规模效应

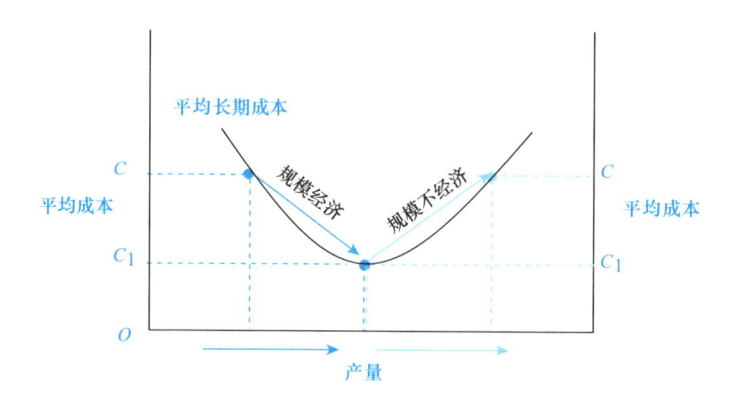

平均长期成本

C —— 平均成本
规模经济 / 规模不经济
C_1
O —— 产量
C —— 平均成本
C_1

规模效益

规模效益是指由于经济规模的变动引起的经济效益的提高。或者说是由于生产力诸因素集约度的变动引起的经济效益的提高。

规模效益来自分摊到每单位产品上的固定成本的下降，解释了在资源密集型的行业（如钢铁、汽车、家电行业等）中，大型公司占主导地位的原因。

"规模"可表现为制造规模、配送网络规模、利基市场规模

制造规模：以游戏为例，游戏发行成本高且基本固定，若销量较大，可分摊游戏开发成本。

配送网络规模：卡车每多送一件物品，额外增加的利润很高；配送网络足够大、足够密集，即使定价压得比竞争对手低，也会有较高的利润。

利基市场规模：小市场中的垄断者。市场小到只能容纳一家公司，大公司不屑于进入。

资料来源：迈克尔·波特. 竞争战略 [M]. 北京：华夏出版社，2005.

第 2 章 环境分析

■ 基本效应 2——范围效应

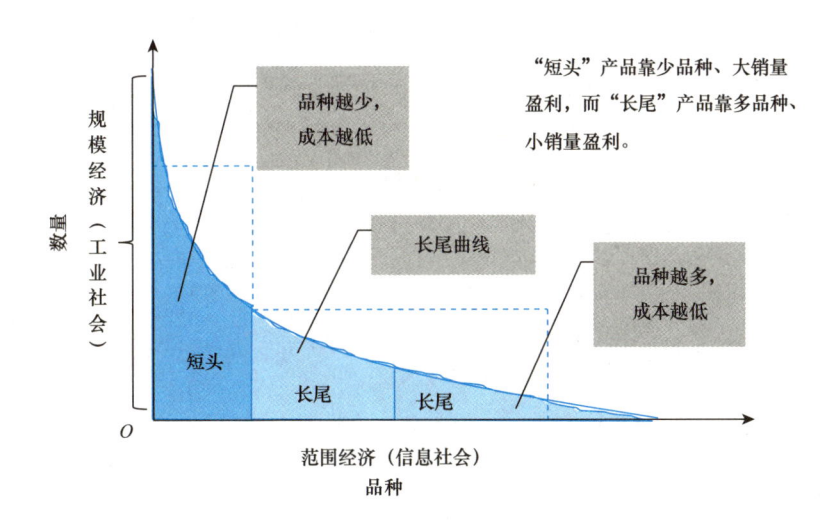

图中标注：
- 纵轴：数量 / 规模经济（工业社会）
- 横轴：品种 / 范围经济（信息社会）
- 品种越少，成本越低
- 长尾曲线
- 品种越多，成本越低
- 短头、长尾、长尾
- "短头"产品靠少品种、大销量盈利，而"长尾"产品靠多品种、小销量盈利。

范围经济

范围经济是企业采取多元化经营战略的理论依据。

范围经济指企业通过扩大经营范围，增加产品种类，生产两种及以上的产品而引起的单位成本的降低。

范围经济与规模经济的区别

范围经济是指随着产品品种的增加，企业的长期平均成本下降。而规模经济是指随着产量的增加，企业的长期平均成本下降。

资料来源：迈克尔·波特. 竞争战略[M]. 北京：华夏出版社，2005.

基本效应 3——网络效应

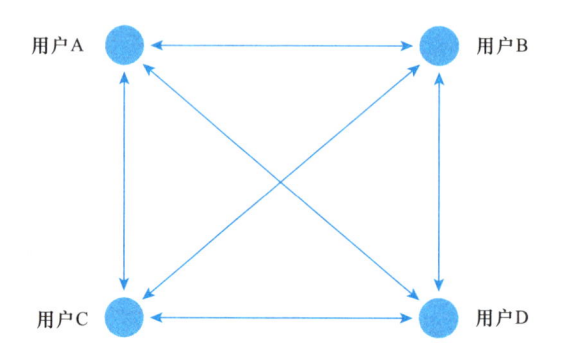

```
用户A ↔ 用户B
  ↕ ╳ ↕
用户C ↔ 用户D
```

网络效应的概念　产品价值因用户数量增加而加速上涨；用的人越多，越有竞争优势，形成良性循环。"因为别人用，所以我也用。"

网络只限于少数存在，最有价值的网络是用户最多的网络。

网络效应的应用　具有网络效应的企业通常在较新的行业里，以信息知识为基础，而不是以有形物为基础。因为有形物是"独占性"商品，一个人用的时候别人就不能用了。而信息/知识具有非独占性，可以无限个人分享。

具备网络效应的典型代表是社交平台，比如微信。

资料来源：克里斯·安德森. 长尾理论 [M]. 北京：中信出版社，2005.

2.4 竞争环境分析

■ 竞争环境分析的基本目的：找到关键成功要素

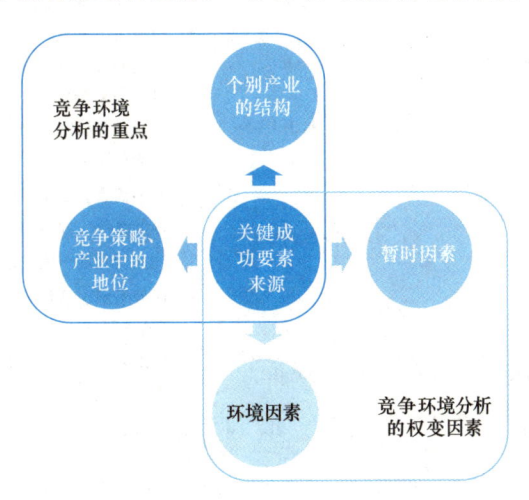

```
                    个别产业
                    的结构
       竞争环境
       分析的重点
                 ↑
       竞争策略、     关键成      暂时因素
       产业中的  →   功要素   →
       地位          来源
                 ↓
                    环境因素     竞争环境分析
                               的权变因素
```

关键成功因素法

通过分析找出企业成功的关键因素，然后再围绕这些关键因素来确定系统的需求，并进行规划。

关键成功因素的 4 个主要来源

个别产业的结构：不同产业因产业本身特质及结构不同而有不同的关键成功因素，这些因素决定于产业本身的经营特性。该产业内的每一家公司都必须注意这些因素。

竞争策略、产业中的地位：企业的产业地位是由过去的状况与现在的竞争策略决定的，在产业中每一家企业因其竞争地位的不同，其关键成功因素也会有所不同，对小企业而言，大企业竞争者的策略可能就是其生存和竞争的关键成功因素。

环境因素：外在因素（总体环境）是影响每个企业成败的关键。

暂时因素：大部分暂时因素源自组织内的特殊理由，可能是由在某一特定时期对组织的成功产生重大影响的活动领域决定的。

典型工具1——行业集中度曲线

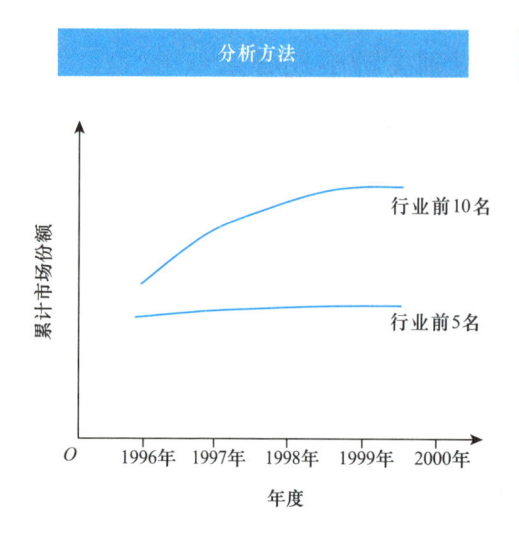

分析方法

（图：累计市场份额随年度1996年—2000年变化的曲线，包含"行业前10名"和"行业前5名"两条曲线）

注释

- 行业集中度反映一个行业的整合程度。如果集中度曲线上升迅速，表明该行业竞争激烈，优势企业纷纷采用渠道扩张、降价等方式来扩大市场。而稳定的集中度曲线则表明市场竞争结构相对稳定，领导企业的优势地位业已建立。
- 一般而言，处于集中度迅速上升中的行业蕴含发展机会，此时加大市场投入，加快渠道建设往往能获取一定的成效。
- 而处于集中度稳定中的行业机会不多，企业扩张的努力会受到领先厂商的集体抵制，此时运用细分化、差别化的发展策略才能见效。

行业集中度的概念　行业集中度指该行业的相关市场内前 N 家较大的企业所占市场份额的总和。例如，CR4 是指四个较大的企业占有该相关市场的份额。

行业集中度的指标　行业集中度是决定市场结构最基本的因素，集中体现了市场的竞争和垄断程度。

常用的行业集中度计量指标有：行业集中率（CRn 指数）、赫尔芬达尔-赫希曼指数（Herfindahl-HirschmanIndex, HHI, 简称赫希曼指数）、洛仑兹曲线、基尼系数、逆指数和熵指数等。

产业市场结构类型　产业市场结构类型粗分为寡占型（CR8 ≥ 40%）和竞争型（CR8 < 40%）两类。

寡占型又细分为极高寡占型（CR8 ≥ 70%）和低集中寡占型（40% ≤ CR8 < 70%）。

竞争型又细分为低集中竞争型（20% ≤ CR8 < 40%）和分散竞争型（CR8 < 20%）。

第 2 章 环境分析

■ 典型工具 2——3C 模型

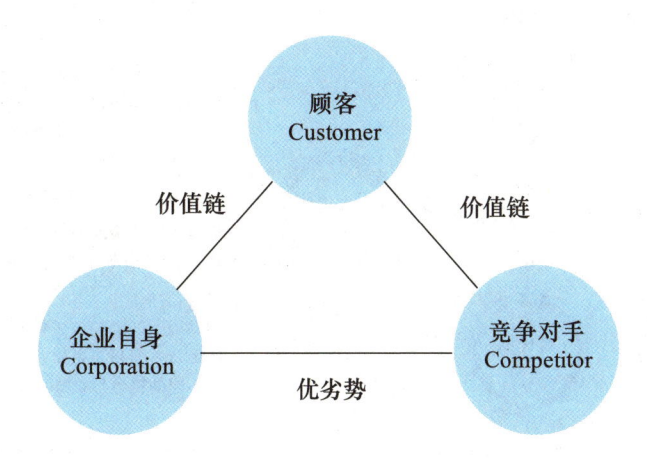

```
         顾客
         Customer
    价值链      价值链
企业自身 ———————— 竞争对手
Corporation   优劣势   Competitor
```

3C 战略三角模型　　该模型由日本战略研究的领军人物大前研一提出。

企业战略　　该战略旨在最大化企业的竞争优势，尤其是与企业成功息息相关的功能性领域的竞争优势。

顾客战略　　按照不同的维度进行细分，并配置相应的资源。

竞争者战略　　通过寻找有效之法，利用采购、设计、制造、销售及服务等领域的差异化来实现。

资料来源：大前研一. 企业参谋[M]. 北京：中信出版社，2007.

图解战略与商业模式

■ 典型工具 3——五力模型

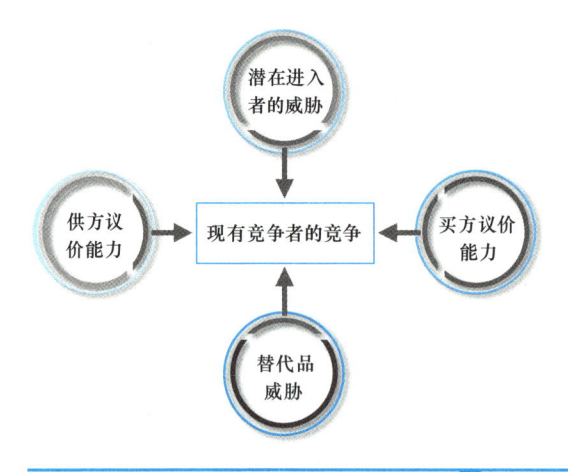

```
         ┌─────────────┐
         │ 潜在进入者的威胁 │
         └──────┬──────┘
                ↓
┌────────┐  ┌──────────┐  ┌────────┐
│供方议价能力│→│现有竞争者的竞争│←│买方议价能力│
└────────┘  └──────────┘  └────────┘
                ↑
         ┌─────────────┐
         │   替代品威胁   │
         └─────────────┘
```

- **判断产业吸引力**：了解产业的主要结构特点和长期发展空间与利润前景。
- **识别产业关键成功因素**：找到在竞争中胜出所必须具备的要素。
- **寻求有利的战略定位**：力图寻求最有吸引力的行业中最强势的地位，并通过构筑进入壁垒等手段建立和保持竞争优势。
- **预测产业未来趋势**：利用产业五种力量的组合、作用与变化，为不同的企业带来不同的机会与威胁。

潜在进入者

准入障碍：规模经济、产品差异优势、品牌忠诚、资本需求、转换成本、销售渠道、技术经验。

政府行为：行业保护、规则，各国之间的资本流动，关税、外汇，向竞争对手提供的帮助。

买方

买方的力量：重要买方的数量、行业产品替代品的有效性、买方转换成本、买方前向合并的威胁及后向合并的威胁、行业对买方总成本的贡献成本、买方的收益性、买方的信息掌握程度。

现有竞争者

竞争者之间的竞争：行业集中化程度、行业增长、固定成本、产品差异化程度、生产能力过剩、转换成本。

退出的障碍：资产专用、退出的一次性成本、与其他公司的相互关系、情绪障碍、政府与社会限制。

替代品

替代品的可获量：替代品生产商的利润和进取性、密集替代品的有效性、购买者转换成本、替代品价格和价值。

供方

供方的力量：重要供应商的数量，交易量，供应商的转换成本，供应商前向合并的威胁、后向合并的威胁，供应商对行业产品质量、成本与利润的贡献，供方的信息掌握程度。

资料来源：迈克尔·波特. 竞争战略[M]. 北京：华夏出版社，2005.

典型工具4——四种成本：转换成本、沉没成本、机会成本、边际成本

转换成本 转换成本是指客户从购买一个供应商的产品转向购买另一个供应商的产品时所增加的费用，如增加新设备、重新设计、调整检测工具、对使用者再培训等发生的费用。

它不仅是经济上的，也是时间、精力和情感上的，构成企业竞争壁垒的重要因素。

沉没成本 沉没成本是指由过去的决策造成的已经产生了的、不能由现在或将来的任何决策改变的成本。

机会成本 机会成本是指为了得到某种东西而要放弃另一些东西的最大价值。

边际成本 边际成本是指每一单位新增生产的产品（或者购买的产品）带来的总成本的增量。

资料来源：迈克尔·波特．竞争战略[M]．北京：华夏出版社，2005．

典型工具 5——三四规则矩阵

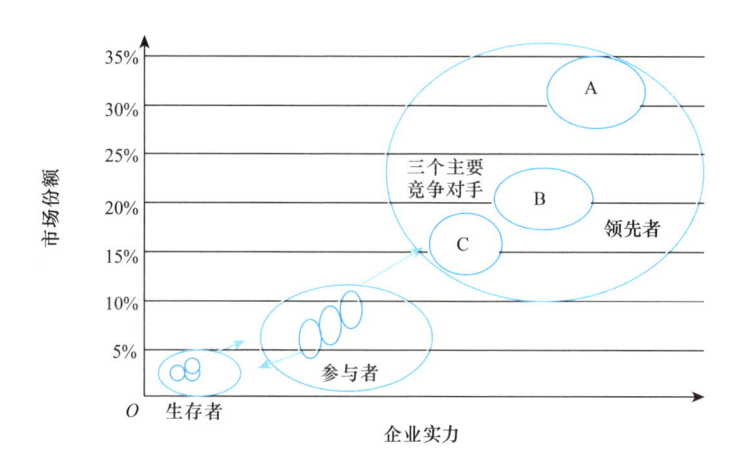

三四规则矩阵	在一个稳定的竞争市场中，市场竞争的参与者一般分为三类：领先者、参与者、生存者。
	领先者一般是指市场占有率在 15% 以上，可以在价格、产量等方面对市场变化产生重大影响的企业。
	参与者一般是指市场占有率为 5% ~ 15% 的企业，这些企业虽然不能对市场产生重大影响，但是它们是市场竞争的有效参与者。
	生存者一般是局部细分市场填补者，这些企业的市场份额都非常低，通常小于 5%。
应用价值	这个模型用于分析一个成熟市场中企业的竞争地位。

资料来源：波士顿咨询公司

第 2 章 环境分析

■ 典型工具 6——战略群体矩阵

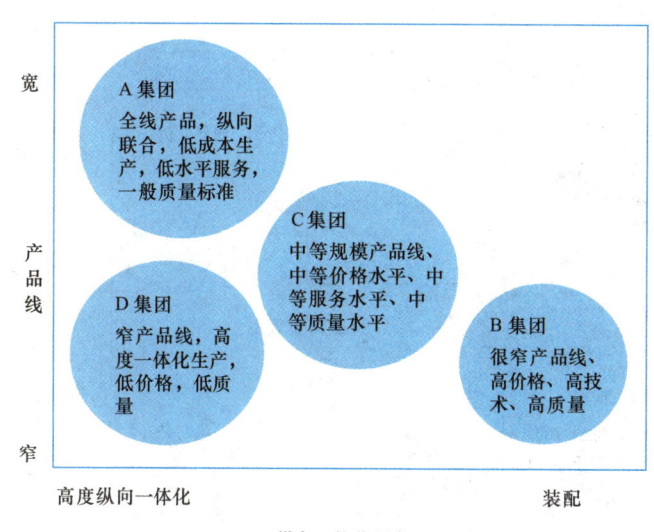

```
宽 │
   │    ┌─A集团─────┐
   │    │全线产品，纵向│
产  │    │联合，低成本生│      ┌─C集团─────┐
品  │    │产，低水平服务，│      │中等规模产品线、│
线  │    │一般质量标准 │      │中等价格水平、中│
   │    └───────┘      │等服务水平、中 │
   │  ┌─D集团─────┐   │等质量水平   │
   │  │窄产品线，高 │   └───────┘   ┌─B集团───┐
   │  │度一体化生产，│                │很窄产品线、│
   │  │低价格，低质 │                │高价格、高技│
   │  │量      │                │术、高质量 │
窄  │  └───────┘                └──────┘
   └─────────────────────────────
      高度纵向一体化                        装配
                    纵向一体化程度
```

战略群体矩阵	战略群体指的是由具有相似战略特征的企业组成的群体。
	为了清楚地识别不同的战略群体，通常在上述特征中选择两项有代表性的特征，绘制二维坐标图，按选定的两个特征把行业内的企业列在这个坐标图内。把战略空间大致相同的企业归为一个群体。
	给每个战略群体画一个圆，使其半径与各个战略群体占整个行业销售收入份额成正比。
应用价值	战略群体概念帮助企业确定一个保护本群体免受其他群体攻击的移动障碍。移动障碍即一个企业从一个群体移向另一个群体所必须克服的障碍。
	帮助企业识别竞争位置薄弱或稀薄的群体。
	划分战略群体概念有助于把战略群体作为一个整体，对产业趋势进行长期思考。

资料来源：迈克尔·波特.竞争战略[M].北京：华夏出版社，2005.

典型工具7——标杆研究：标杆管理步骤

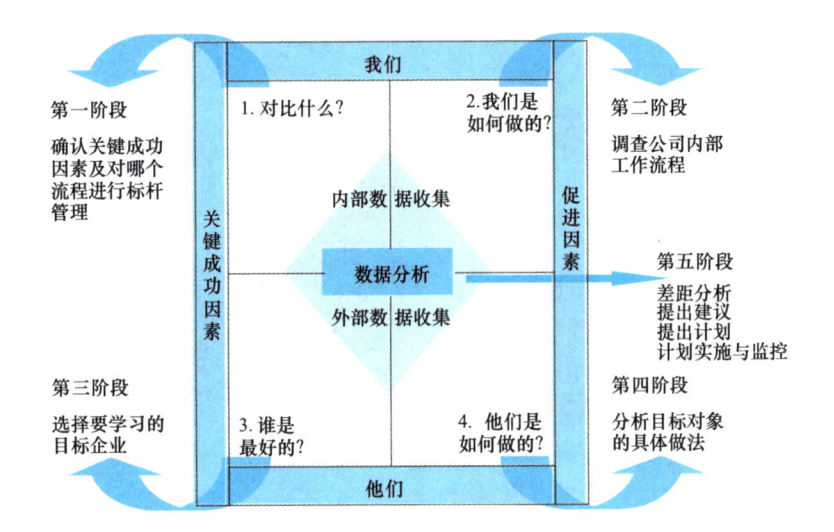

```
                    我们
第一阶段    1.对比什么?    2.我们是      第二阶段
确认关键成功              如何做的?    调查公司内部
因素及对哪个   关              促        工作流程
流程进行标杆   键   内部数据收集  进
管理          成              因        第五阶段
             功    数据分析    素       差距分析
             因                         提出建议
             素   外部数据收集           提出计划
                                        计划实施与监控
第三阶段    3.谁是         4.他们是     第四阶段
选择要学习的   最好的?        如何做的?   分析目标对象
目标企业                                 的具体做法
                    他们
```

标杆分析法

标杆分析法又称竞标赶超、战略竞标，就是将本企业各项活动与从事该项活动最佳者进行比较，从而提出行动方法，实现持续改进。

对： 相对比较。

标： 参照标杆。

改： 分析差距。

进： 持续优化。

应用价值

标杆管理用于市场营销、人力资源管理、成本控制等职能战略管理领域，有助于快速提高组织运营效率，改进业绩。

第 2 章 环境分析

■ 典型工具 7——标杆研究：标杆管理类型

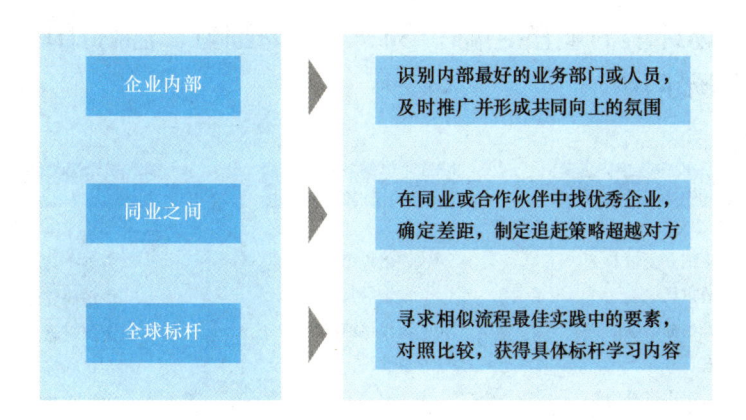

企业内部	识别内部最好的业务部门或人员，及时推广并形成共同向上的氛围
同业之间	在同业或合作伙伴中找优秀企业，确定差距，制定追赶策略超越对方
全球标杆	寻求相似流程最佳实践中的要素，对照比较，获得具体标杆学习内容

各对标类型比较

对标类型	对标方案实施时间	对标合作方	结果
内部对标	1~4 个月	企业内部	重大改进
竞争性对标	6~12 个月	没有	比竞争对手更好
行业对标	10~14 个月	同一行业中的企业	重大改进
一般性对标	12~24 个月	世界范围内所有企业	改变行业规则

2.5 市场环境分析

■ 市场环境分析的目标：STP（市场细分、目标市场选择、市场定位）

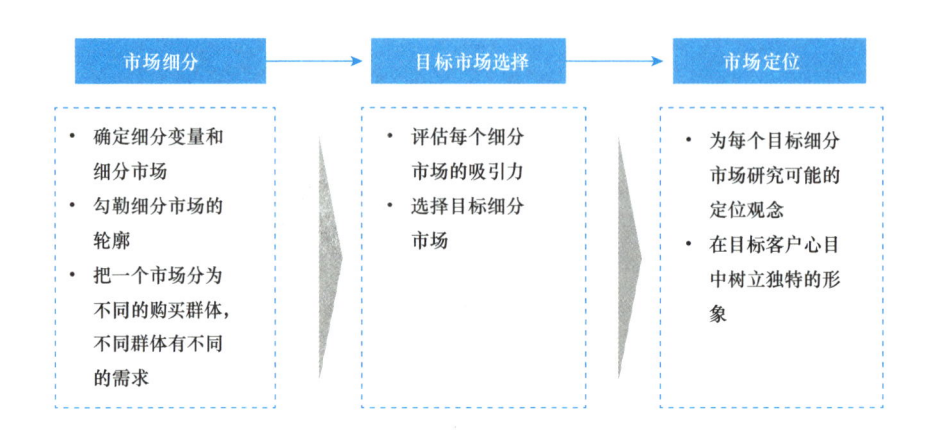

市场细分	目标市场选择	市场定位
• 确定细分变量和细分市场 • 勾勒细分市场的轮廓 • 把一个市场分为不同的购买群体，不同群体有不同的需求	• 评估每个细分市场的吸引力 • 选择目标细分市场	• 为每个目标细分市场研究可能的定位观念 • 在目标客户心目中树立独特的形象

STP 营销战略　市场环境分析的目标在于使企业在一定的市场细分基础上，确定自己的目标消费者，从而便于把产品或服务提供给目标消费者（STP 理论）。

市场细分　指根据顾客需求上的差异把某个产品或服务市场逐一细分的过程。

目标市场选择　指企业从细分后的市场中选择出来的、决定进入的市场，也是对企业最有利的市场组成部分。

市场定位　在营销过程中把其产品或服务确定到目标市场中的一定位置上，即确定自己产品或服务在目标市场上的竞争地位，也叫"竞争性定位"。

第 2 章 环境分析

■ 市场细分的依据：细分变量的选择

地理因素	人文因素
• 行政区划 • 经济形态 • 地形地貌 • 气候条件 • ……	• 年龄　• 教育 • 性别　• 家庭 • 收入　• 信仰 • ……
• 生活方式 • 个性特征 • 社会阶层 • ……	• 购买时机 • 购买频率 • 利益诉求 • 使用状况 • 品牌忠实 • ……
心理因素	行为因素

中心：细分变量的选择

市场细分的变量可分为四类：地理因素、人文因素、心理因素、行为因素

地理细分　关注消费者所处地理环境，包括行政区划、经济形态、地形地貌、气候条件等。

人文细分　关注消费者人口特征，包括年龄、性别、教育、信仰等。

心理细分　关注消费者的心理特征及形成背景，包括生活方式、个性特征、社会阶层等。

行为细分　关注消费者购买行为，包括购买时机、购买频率、利益诉求等。

评估细分市场：三维评估

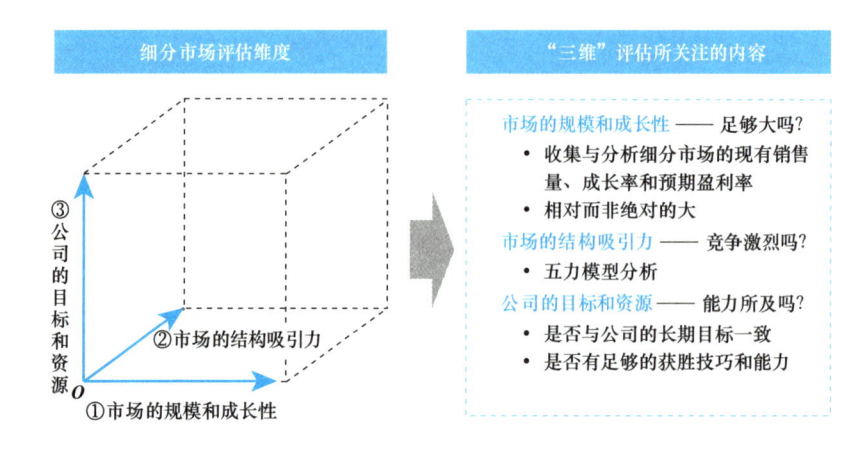

细分市场评估维度

③ 公司的目标和资源
② 市场的结构吸引力
① 市场的规模和成长性

"三维"评估所关注的内容

市场的规模和成长性 —— 足够大吗？
- 收集与分析细分市场的现有销售量、成长率和预期盈利率
- 相对而非绝对的大

市场的结构吸引力 —— 竞争激烈吗？
- 五力模型分析

公司的目标和资源 —— 能力所及吗？
- 是否与公司的长期目标一致
- 是否有足够的获胜技巧和能力

细分市场评估维度可分为三类：市场的规模和成长性、市场的结构吸引力、公司的目标和资源，需要考虑以下问题

细分市场的规模是否足够大，成长性是否足够强？

细分市场竞争是否激烈？

细分市场是否与公司的长期战略目标相匹配？公司现有和未来的资源及能力是否足以应用于将要选择的细分市场？

第 2 章 环境分析

■ 选择目标市场：市场细分的有效性

(图：市场细分的有效性——行动可能性、可衡量性、可接近性、足量性、差异性)

可衡量性　　细分市场的规模、购买力和分布必须可以衡量。

可接近性　　能有效地触达市场，并为之服务。

足量性　　　细分市场的规模达到足够盈利的程度。

差异性　　　细分市场在观念上能够被区别，并且对于不同的营销组合因素和方案的反应不一样。

行动可能性　可为吸引和服务细分市场而系统地提出有效计划。

■ 定位的基础：定位之前，做好洞察

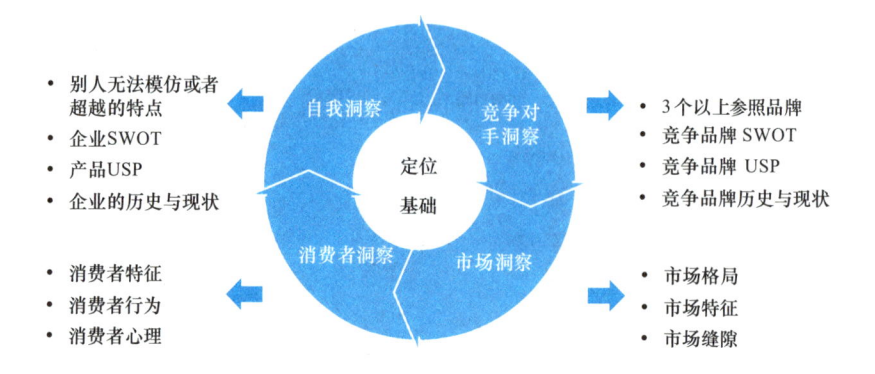

- 别人无法模仿或者超越的特点
- 企业SWOT
- 产品USP
- 企业的历史与现状

自我洞察　竞争对手洞察

定位基础

消费者洞察　市场洞察

- 3个以上参照品牌
- 竞争品牌SWOT
- 竞争品牌 USP
- 竞争品牌历史与现状

- 消费者特征
- 消费者行为
- 消费者心理

- 市场格局
- 市场特征
- 市场缝隙

自我洞察　　别人无法模仿或超越的特点、企业 SWOT、产品 USP、企业的历史和现状。

竞争对手洞察　3 个以上参照品牌、竞争品牌 SWOT、竞争品牌 USP、竞争品牌历史和现状。

市场洞察　　市场格局、市场特征、市场缝隙。

消费者洞察　消费者特征、消费者行为、消费者心理。

第 2 章 环境分析

■ **定位的方式：产品特点定位、目标市场定位、竞争考量定位、消费情感定位**

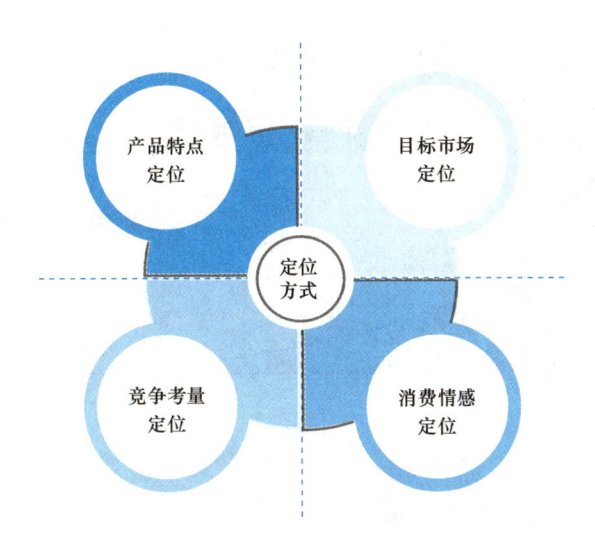

```
        产品特点              目标市场
         定位                   定位
                  定位
                  方式
        竞争考量              消费情感
         定位                   定位
```

产品特点定位　从产品本身出发进行定位，利用产品本身具备的优势和特点，进行定位。

目标市场定位　从目标市场出发，利用空隙市场或细分市场等方式，对品牌进行定位，确立市场区隔。

消费情感定位　根据消费者的消费心理进行定位，以建立品牌在目标消费者心目中的独特形象。

竞争考量定位　从竞争对手出发，根据市场竞争情况，进行竞争性定位，拉开或拉近与竞争对手的距离。

特殊市场结构 1——长尾市场

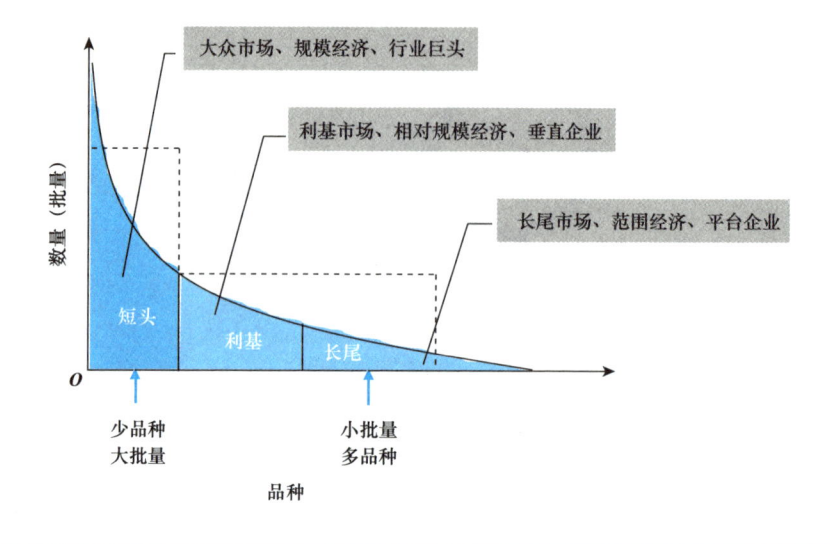

大众市场、规模经济、行业巨头

利基市场、相对规模经济、垂直企业

长尾市场、范围经济、平台企业

数量（批量）

短头　利基　长尾

少品种
大批量

小批量
多品种

品种

与传统的企业关注大众市场不同，长尾理论认为，虽然随着产品品种的增加，每种产品的需求都会减少，但大量小众需求聚集在一起仍可以盈利。

这一理论的前提是接近于零的渠道、流通和营销成本，这也是只有网络经济才能实现长尾经济的原因。

从本质上来说，长尾曲线就是规模经济曲线和范围经济曲线在空间的投影，可以理解为，在范围经济的每一个品种上，都实现了自身的规模经济，使得范围经济达到极致，即实现了长尾经济。

资料来源：克里斯.安德森.长尾理论[M].北京：中信出版社,2015.

■ 特殊市场结构 2——双边市场

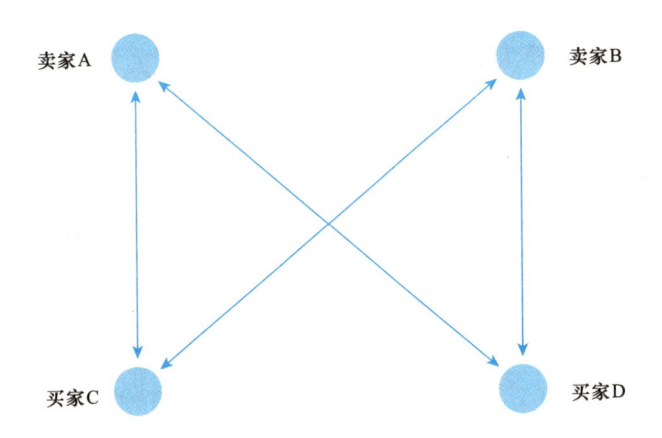

```
卖家A ────→ 卖家B
  ↑ ╲    ╱ ↑
  │  ╲  ╱  │
  │   ╲╱   │
  │   ╱╲   │
  │  ╱  ╲  │
  ↓ ╱    ╲ ↓
买家C ────→ 买家D
```

双边市场效应

双边市场效应来源于不同类型用户之间正反馈交互所创造的价值。

双边市场效应的典型代表是交易平台，比如淘宝天猫。

双边市场效应和网络效应的差别

双边市场平台上的单边用户群体之间是不能进行互动的。

比如微信的每个用户可以任意进行互动，但是在淘宝的商家和买家两类群体中，商家与商家之间、买家与买家之间无法通过互动创造价值，只有商家和买家之间能够进行交易。

资料来源：克里斯.安德森.长尾理论 [M]. 北京：中信出版社，2015.

2.6 内部环境分析

■ 内部环境分析（内部资源与能力）的两大派别

财务派

基本思路
- 以财务报表、财务指标作为分析起点，观察公司业务经营的结果

关注因素
- 资产的完整性、营利性、稳健性
- 盈利的来源和结构
- 盈利能力的持续性
- 现金流状况

总结
- 知其然

模式派

基本思路
- 从经营模式出发，分析竞争力和未来成长空间

关注因素
- 国家产业政策的影响
- 在产业链上的位置
- 所属商业的市场空间
- 在行业中的地位、竞争优势的持续性
- 治理结构

总结
- 知其所以然

内部环境分析

特点	财务派	模式派
优点	·能相对准确地观察公司历史经营绩效； ·可以量化比较公司之间的差异	·便于观察公司在产业中的位置和行业中的地位； ·可以发现公司独特的价值驱动要素
缺点	·过于注重历史财务表现，难以从报表上分析持续性； ·财务指标教条化，无法甄别行业差别和公司差别； ·注重结果，忽视过程； ·容易引导分析者对公司做出过于负面的评价	·过于注重企业可能达到的目标，忽视企业本身具备的财务条件； ·容易简单化地将行业优势引申到每一个企业； ·相对宏观，无法落实到公司价值中，无法回答"值多少钱"的问题。

模式派的分析逻辑

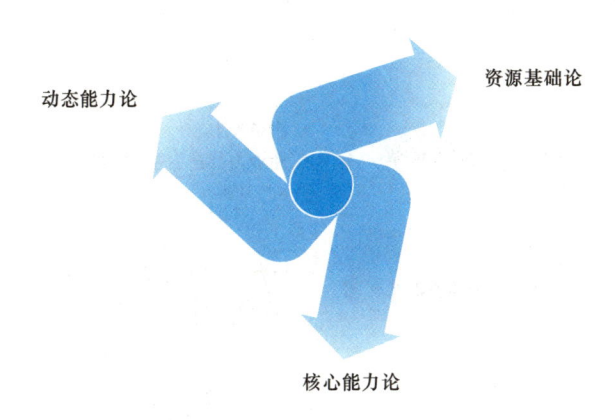

动态能力论　　　　　　资源基础论

核心能力论

资源基础论　假设：企业具有差异化的有形和无形资源，资源在企业间是不可流动且难以复制的，独特的资源是企业持久竞争优势的源泉。

观点：企业需要构建异质性的、独特的资源，才能形成竞争优势。

核心能力论　假设：企业是各种能力的集合体，核心能力是稀缺的、不可复制的，独特的核心能力是企业持久竞争优势的根基。

观点：企业需要培育、锻造核心竞争力，才能建立竞争优势。

动态能力论　假设：核心能力是存在刚性和惯性的，企业需要不断开发新的核心能力，动态培育新的核心能力。

观点：企业需要有效掌握变化万千的商机，弹性地、动态地、持续地建立、调适、重组其内、外部的各项资源，才能获取竞争优势。

模式派的典型工具——企业资源的构成

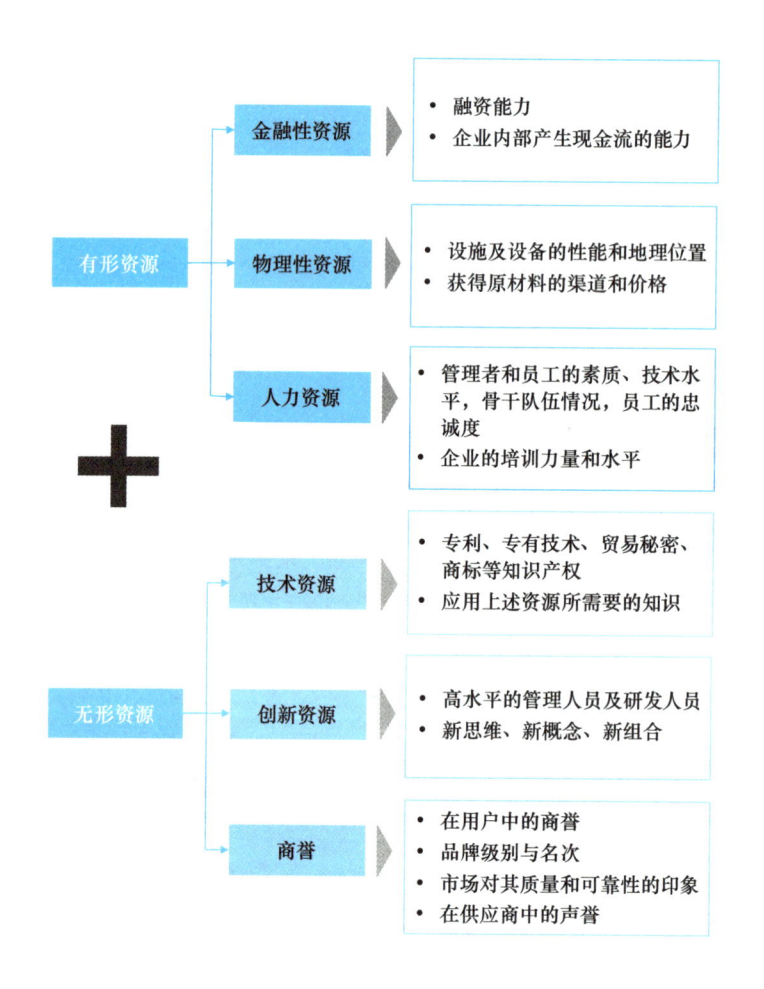

有形资源
- 金融性资源
  - 融资能力
  - 企业内部产生现金流的能力
- 物理性资源
  - 设施及设备的性能和地理位置
  - 获得原材料的渠道和价格
- 人力资源
  - 管理者和员工的素质、技术水平，骨干队伍情况，员工的忠诚度
  - 企业的培训力量和水平

+

无形资源
- 技术资源
  - 专利、专有技术、贸易秘密、商标等知识产权
  - 应用上述资源所需要的知识
- 创新资源
  - 高水平的管理人员及研发人员
  - 新思维、新概念、新组合
- 商誉
  - 在用户中的商誉
  - 品牌级别与名次
  - 市场对其质量和可靠性的印象
  - 在供应商中的声誉

第 2 章 环境分析

■ 模式派的典型工具——企业能力的构成

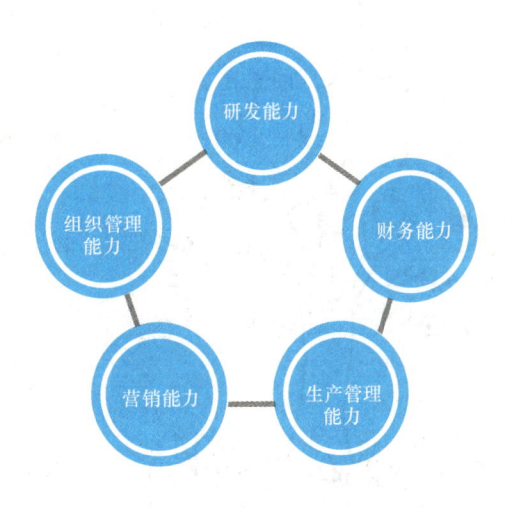

```
        研发能力
   ╱              ╲
组织管理能力      财务能力
   ╲              ╱
   营销能力 ── 生产管理能力
```

研发能力   重点从研发计划、研发组织、研发过程和研发效果进行衡量。

财务能力   包括筹集资金的能力、使用和管理资金的能力。

生产管理能力   生产活动主要涉及生产过程、生产能力、库存管理、人力管理和质量管理等。

营销能力   包括产品竞争能力、销售活动能力、市场决策能力。

组织管理能力   从职能管理体系的任务分工、管理层次和管理范围的匹配、集权和分权的情况、岗位责任、组织结构五个方面衡量。

模式派的典型工具——核心能力及其特点

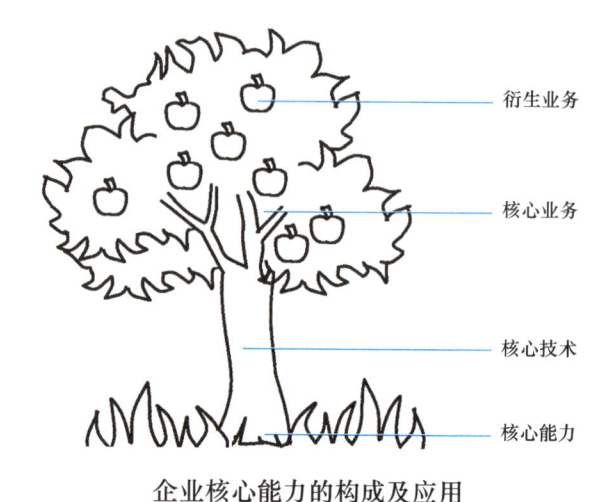

企业核心能力的构成及应用

（图示：树——衍生业务、核心业务、核心技术、核心能力）

能力	完成一项目标或者任务所体现出来的综合素质。
核心能力	已拥有的、高价值的、稀缺的、难以模仿的、不可替代的、具有延展性的能力。
核心技术	企业较长时期积累的一组先进复杂的、具有较大用户价值的技术的集合体。
核心业务	依托核心技术所形成的，构成企业收入和利润主要来源的核心产品及其组合，亦称为"企业主营业务"。
衍生业务	依托核心业务，通过品牌延伸等方式所孵化的业务，与核心业务共同构成企业有机的、良性的业务组合。

第 2 章 环境分析

■ 模式派的典型工具——核心能力分析矩阵

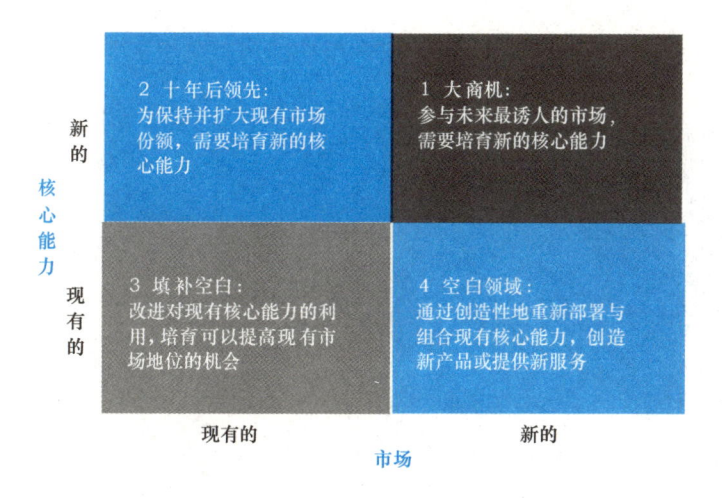

	现有的 市场	新的
新的 核心能力	2 十年后领先：为保持并扩大现有市场份额，需要培育新的核心能力	1 大商机：参与未来最诱人的市场，需要培育新的核心能力
现有的	3 填补空白：改进对现有核心能力的利用，培育可以提高现有市场地位的机会	4 空白领域：通过创造性地重新部署与组合现有核心能力，创造新产品或提供新服务

核心能力分析矩阵

以核心能力（现有的、新的）为纵坐标，以市场（现有的、新的）为横坐标，将企业业务范围划分为四个象限。

第1象限 为参与未来新市场，企业需要培育新的核心能力。

第2象限 为保持并扩大现有市场，企业需要培育新的核心能力。

第3象限 对企业现有核心能力加以开发利用，以提高现有市场地位。

第4象限 通过创造性地重新部署和组合企业现有核心能力，可以创造新产品或提供新服务。

图解战略与商业模式

财务派的分析逻辑

1. 行业的发展趋势
收入和利润的变化是否与行业当前的发展趋势相一致

2. 企业的竞争力
- 收入和利润率
- 应收账款和预收账款
- 应付账款和预付账款
- 存货

3. 企业的发展
- 收入的变化、应收账款的变化、存货的变化
- 现金流情况
- 固定资产和在建工程的变化（防范利润造假）

行业的发展趋势　判断收入和利润的变化是否与行业当前的发展趋势相一致。

企业的竞争力　收入和利润率（来自行业内的竞争）
（横向对比）　应收账款和预收账款（来自下游的压力）
　　　　　　　　应付账款和预付账款（来自上游的压力）
　　　　　　　　存货（来自下游的压力和自身的营运能力）

企业的发展　收入的变化、应收账款的变化、存货的变化
（自我纵向对比）　现金流情况
　　　　　　　　固定资产和在建工程的变化（防范利润造假）

第 2 章 环境分析

■ 财务派的典型工具——盈利能力分析

1 销售净利率 =（净利润 ÷ 销售收入）× 100%

2 资产净利率 =（净利润 ÷ 总资产）× 100%

3 权益净利率 =（净利润 ÷ 股东权益）× 100%

4 总资产报酬率 =（利润总额 + 利息支出）÷ 平均资产总额 × 100%

5 销售净利率 =（营业利润 ÷ 营业收入）× 100%

以上比率越大，企业的盈利能力越强。

6 成本费用利润率 =（利润总额 ÷ 成本费用总额）× 100%

该比率越大，企业经营效益越高。

7 资产现金回收率 =（经营活动现金净流量 ÷ 平均资产总额）× 100%

与行业平均水平相比进行分析。

8 盈利现金比率 =（经营现金净流量 ÷ 净利润）× 100%

该比率越大，企业盈利质量越高，其值一般应大于 1。

9 销售收现比率 =（销售商品或提供劳务收到的现金 ÷ 主营业务收入净额）× 100%

该数值越大，表明销售收现能力越强，销售质量越高。

■ 财务派的典型工具——偿债能力分析

1 净运营资本 = 流动资产 − 流动负债 = 长期资本 − 长期资产

对比企业连续多期的值，进行分析。

2 流动比率 = 流动资产 ÷ 流动负债

3 速动比率 = 速动资产 ÷ 速动负债

4 现金比率 =（货币资金 + 交易性金融资产）÷ 流动负债

5 现金流量比率 = 经营活动现金流量 ÷ 流动负债

以上各值均与行业平均水平相比进行分析。

6 资产负债率 =（总负债 ÷ 总资产）× 100%

该比值越低，企业偿债越有保证，贷款越安全。

7 产权比率与权益乘数：产权比率 = 总负债 ÷ 股东收益
　　　　　　　　　　　权益乘数 = 总资产 ÷ 股东权益

产权比例越低，企业偿债越有保证，贷款越安全。

8 利息保障倍数 = 息税前利润 ÷ 利息费用
　　　　　　 =（净利润 + 利息费用 + 所得税费用）÷ 利息费用

利息保障倍数越大，利息支付越有保障。

9 现金流量利息保障倍数 = 经营活动现金流量 ÷ 利息费用

现金流量利息保障倍数越大，利息支付越有保障。

10 经营现金流量债务比 =（经营活动现金流量 ÷ 债务总额）× 100%

该比率越高，偿还债务总额的能力越强。

第 2 章 环境分析

■ **财务派的典型工具——营运能力分析**

1. 应收账款周转率

应收账款周转次数 = 销售收入 ÷ 应收账款

应收账款周转天数 = 365 ÷（销售收入 ÷ 应收账款）

应收账款与收入比 = 应收账款 ÷ 销售收入

2. 存货周转率

存货周转次数 = 销售收入 ÷ 存货

存货周转天数 = 365 ÷（销售收入 ÷ 存货）

存货与收入比 = 存货 ÷ 销售收入

3. 流动资产周转率

流动资产周转次数 = 销售收入 ÷ 流动资产

流动资产周转天数 = 365 ÷（销售收入 ÷ 流动资产）

流动资产与收入比 = 流动资产 ÷ 销售收入

4. 净营运资本周转率

净营运资本周转次数 = 销售收入 ÷ 净营运资本

净营运资本周转天数 = 365 ÷（销售收入 ÷ 净营运资本）

净营运资本与收入比 = 净营运资本 ÷ 销售收入

5. 非流动资产周转率

非流动资产周转次数 = 销售收入 ÷ 非流动资产

非流动资产周转天数 = 365 ÷（销售收入 ÷ 非流动资产）

非流动资产与收入比 = 非流动资产 ÷ 销售收入

6. 总资产周转率

总资产周转次数 = 销售收入 ÷ 总资产

总资产周转天数 = 365 ÷（销售收入 ÷ 总资产）

总资产与收入比 = 总资产 ÷ 销售收入

注：以上各值均与行业平均水平相比进行分析

■ 财务派的典型工具——发展能力

1 股东权益增长率 =（本期股东权益增加额 ÷ 股东权益期初余额）×100%

2 资产增长率 =（本期资产增加额 ÷ 资产期初余额）×100%

3 销售增长率 =（本期营业收入增加额 ÷ 上期营业收入）×100%

4 净利润增长率 =（本期净利润增加额 ÷ 上期净利润）×100%

5 营业利润增长率 =（本期营业利润增加额 ÷ 上期营业利润）×100%

注：以上各值均需对比企业连续多期的值，分析发展趋势

2.7 内、外部环境的匹配分析

内、外部环境匹配的分析式逻辑：SWOT 分析

	优势（S）	劣势（W）
机会（O）	SO 战略：增长型战略（依靠内部优势，利用外部机会，创建最佳业务状态）	WO 战略：扭转型战略（利用外部机会，克服内部劣势，机不可失）
威胁（T）	ST 战略：多种经营战略（依靠内部优势，回避外部威胁，果断迎战）	WT 战略：防御型战略（减少内部劣势，回避外部威胁，休养生息）

SWOT 分析的步骤

通过内部环境分析列出企业的优势、劣势；通过外部环境分析列出企业的机会、威胁。

优势、劣势与机会、威胁相结合，形成 SO、ST、WO、WT 战略。

对 SO、ST、WO、WT 战略进行甄别和选择，制定目前应该采取的具体战略与策略。

进行 SWOT 分析的一些误区

进行 SWOT 分析时，要确保同时考虑企业内部各个方面和外部环境。

SWOT 分析容易被加工成用来支持现状的战略，而不是雄心勃勃地试着去考虑新的、有创意的机会。

许多威胁也可能会成为机会。

SWOT 分析有时会促使管理者选择轻松的"匹配"战略，而不是延伸目标。

图解战略与商业模式

■ 内、外部环境匹配的构建式逻辑:透过规律和本质把握,去全新设计和颠覆该企业原有路径的手法

```
            解构型
         构建式
         战略思维
    创造型        颠覆型
```

解构型　　发现体系的结构性缺陷,设计针对性解决方案。

　　　　　　找到切入点,用新体系去破坏旧体系。

　　　　　　管理"旧体系撕裂和新体系构建"之间的切换。

创造型　　寻找系统内新的价值。

　　　　　　设计将价值集中在一起的方案。

　　　　　　把利益相关者编组到方案中,推广方案。

颠覆型　　攻击原则,创造规则。

　　　　　　扭曲规律,使关键控制点或盈利点发生改变。

资料来源:上海华彩管理咨询公司

第 3 章

总体战略

3.1 总体战略概述

3.2 专业化"点"战略

3.3 一体化"线"战略

3.4 多元化"面"战略

3.5 特殊总体战略

3.1 总体战略概述

■ 总体战略的定义

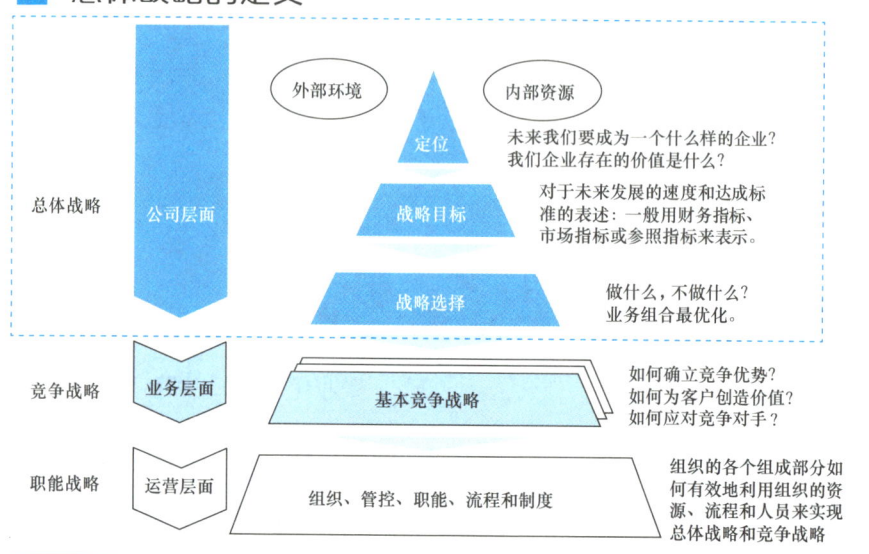

总体战略 — 公司层面
- 定位：未来我们要成为一个什么样的企业？我们企业存在的价值是什么？
- 战略目标：对于未来发展的速度和达成标准的表述；一般用财务指标、市场指标或参照指标来表示。
- 战略选择：做什么，不做什么？业务组合最优化。

外部环境　内部资源

竞争战略 — 业务层面
- 基本竞争战略：如何确立竞争优势？如何为客户创造价值？如何应对竞争对手？

职能战略 — 运营层面
- 组织、管控、职能、流程和制度：组织的各个组成部分如何有效地利用组织的资源、流程和人员来实现总体战略和竞争战略

总体战略的地位　总体战略是企业最高层次的战略，需要根据企业的目标，选择企业可以竞争的经营领域，合理配置企业经营所必需的资源，使各项经营业务相互扶持、相互协调。

总体战略的任务　总体战略规定企业的使命和目标，定义企业的价值；

关注全部商业机遇，决定主要的业务范围和发展方向；

确定需要获取的资源和形成的能力，在不同业务之间分配资源；

确定各种业务之间的配合，保证企业总体的优化；

确定公司的组织结构，保证业务层战略符合股东财富最大化的要求。

总体战略的制定者　总体战略是由公司层管理者制定的战略。公司层管理者包括公司总经理、其他高层管理者、董事会以及有关的专业人员。

公司总经理是公司战略的设计者，承担总体战略能否取得成效的终极责任。

资料来源：中国注册会计师协会. 公司战略与风险管理[M]. 北京：经济科学出版社，2020.

第3章 总体战略

■ 总体战略的核心任务——确定做什么、不做什么

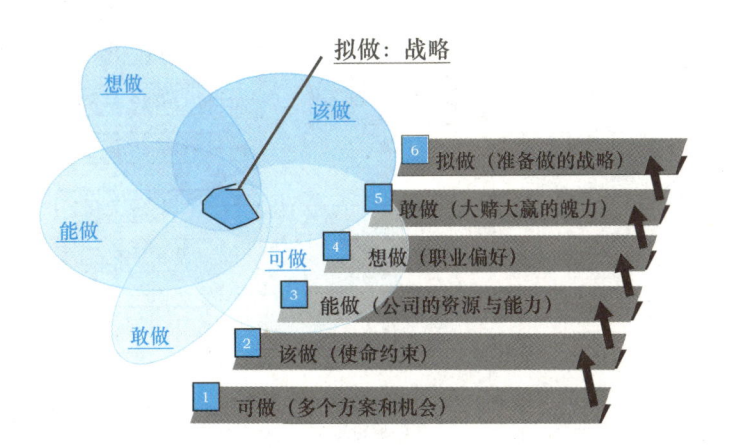

拟做：战略

1. 可做（多个方案和机会）
2. 该做（使命约束）
3. 能做（公司的资源与能力）
4. 想做（职业偏好）
5. 敢做（大赌大赢的魄力）
6. 拟做（准备做的战略）

总体战略是可做、该做、能做、想做、敢做的交集，确定了做什么与不做什么。

可做　　公司可接触、可进入、可感知的多个行业及相应的投资机会。

该做　　公司使命决定的需要进入的业务领域。

能做　　公司现有资源与能力能够提供必要支撑的业务领域。

想做　　公司领导层的职业偏好、感兴趣的领域。

敢做　　公司领导层敢担风险的领域。

图解战略与商业模式

■ 总体战略的类型

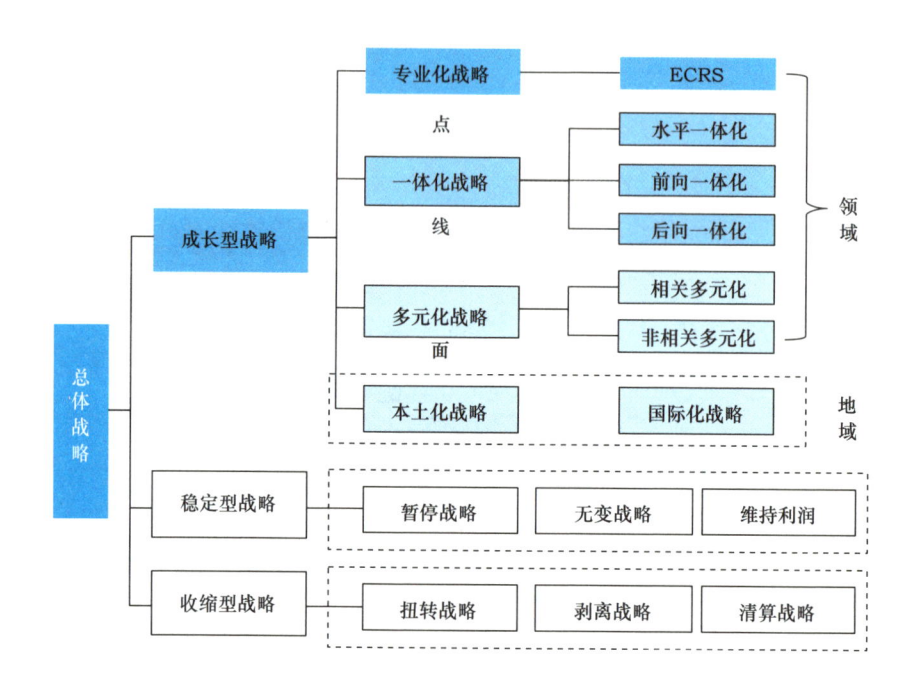

```
                              ┌── 专业化战略 ──── ECRS
                              │      点                  ┌─ 水平一体化 ─┐
                              │                          │              │
                              ├── 一体化战略 ────────────┼─ 前向一体化 ─┤ 领域
                              │      线                  │              │
              ┌── 成长型战略 ─┤                          └─ 后向一体化 ─┘
              │               │                          ┌─ 相关多元化 ─┐
              │               ├── 多元化战略 ────────────┤              │
              │               │      面                  └─ 非相关多元化┘
  总体战略 ───┤               │
              │               └── 本土化战略     国际化战略           地域
              │
              ├── 稳定型战略 ── 暂停战略   无变战略   维持利润
              │
              └── 收缩型战略 ── 扭转战略   剥离战略   清算战略
```

总体战略包括成长型战略、稳定型战略、收缩型战略

成长型战略 指以发展和壮大企业为基本导向,致力于使企业在产销规模、资产、利润或新产品开发等某一方面或几方面获得成长的战略。

成长型战略包括领域和地域两大方面,其中领域主要是指专业化、一体化和多元化战略,地域主要是指本土化和国际化战略。

稳定型战略 也称维持战略,是指企业为巩固现有的市场地位、维持现有的竞争优势而采取的不冒风险、以守为攻的战略。

收缩型战略 也称撤退战略,是指企业缩小原有经营范围和规模的战略。

资料来源:中国注册会计师协会. 公司战略与风险管理[M]. 北京:经济科学出版社,2020.

第 3 章　总体战略

■ **成长型战略及其适用情境**

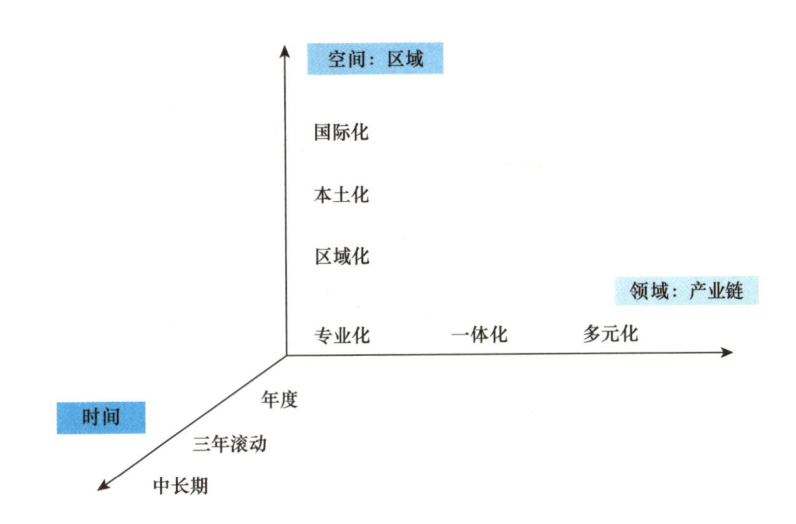

```
                    空间：区域
                        ↑
                        │
                    国际化
                        │
                    本土化
                        │
                    区域化
                        │                领域：产业链
                        │_____→
                       / 专业化  一体化  多元化
                      / 年度
              时间  /
                  / 三年滚动
                 /
                中长期
```

成长型战略适用情境

1. 企业所在行业正处于高速增长阶段。

2. 企业所在行业的规模扩大能够带来明显的竞争优势。

3. 存在未开发或是未饱和的市场。

4. 企业拥有扩大经营所需的资金和人力资源。

5. 企业在现有经营领域十分成功。

稳定型战略及其适用情境

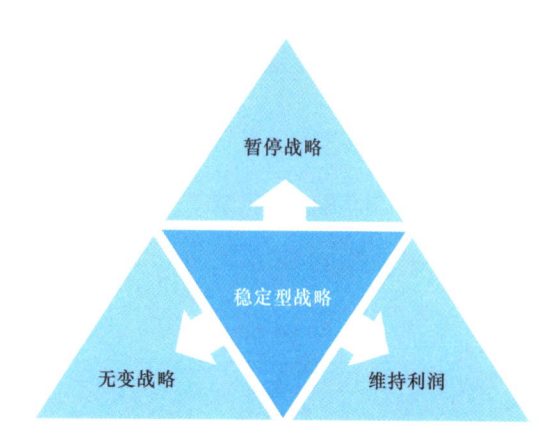

```
        暂停战略
          ↑
     ┌─────────┐
     │ 稳定型战略 │
     └─────────┘
      ↙       ↘
  无变战略      维持利润
```

稳定型战略适用情境

1. 企业对过去的经营业绩比较满意。

2. 企业所在行业正处于平稳发展时期，未来环境变化对企业经营活动影响不大。

3. 企业受自己实力的限制，无力追求大的发展，只能追求小幅度增长。

4. 企业受产品市场的制约或资源的限制，只能按大致相同的低速度增长。

5. 企业外部环境恶化，而一时又找不到新的发展机会，只能暂时稳住，逐步收缩，或者下一步再求发展。

资料来源：中国注册会计师协会．公司战略与风险管理[M]．北京：经济科学出版社．2020．

第3章 总体战略

■ 收缩型战略及其适用情境

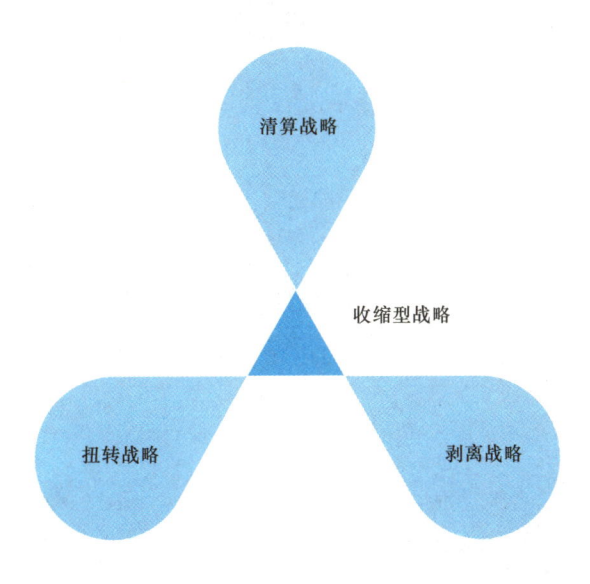

```
         清算战略

              收缩型战略

  扭转战略         剥离战略
```

收缩型战略适用情境

1. 国内外市场需求下降，企业面临行业结构调整，竞争行为剧变，企业经营不稳定。

2. 国际、国内经济衰退，银根收紧，企业面临日益增加的通胀压力，处境困难。

3. 企业产品处于衰退期，市场竞争过度，产品不盈利甚至亏损。

4. 生产能力发挥不足，固定成本负担过重，创新与研发失败，决策出现重大失误，财务上遇到严重困难等。

资料来源：中国注册会计师协会. 公司战略与风险管理 [M]. 北京：经济科学出版社，2020.

3.2 专业化"点"战略

■ 专业化战略的概念

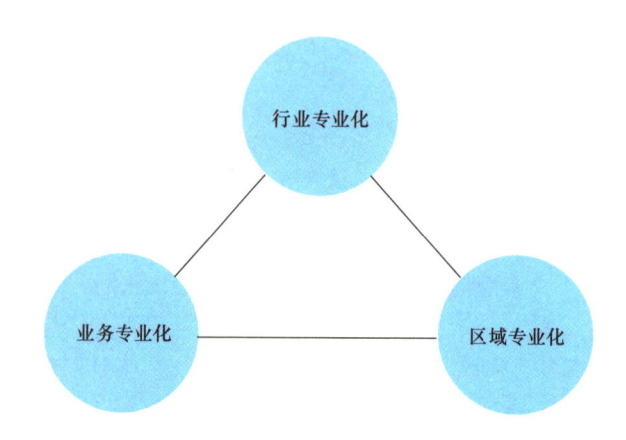

```
        行业专业化
       /          \
      /            \
  业务专业化 ——— 区域专业化
```

专业化战略　集中公司所有资源和能力于所擅长的核心业务,通过专注于某一点带动公司的成长。专注于核心业务求发展,是公司成长最基本的战略,也是公司成长的必由之路。

行业专业化　专注于某一个行业内经营。

业务专业化　专注于行业价值链中某一环节的业务进行发展。

区域专业化　专注于特定区域内发展。

资料来源:董大海.战略管理[M].大连:大连理工大学出版社,2006.

专业化战略的优缺点

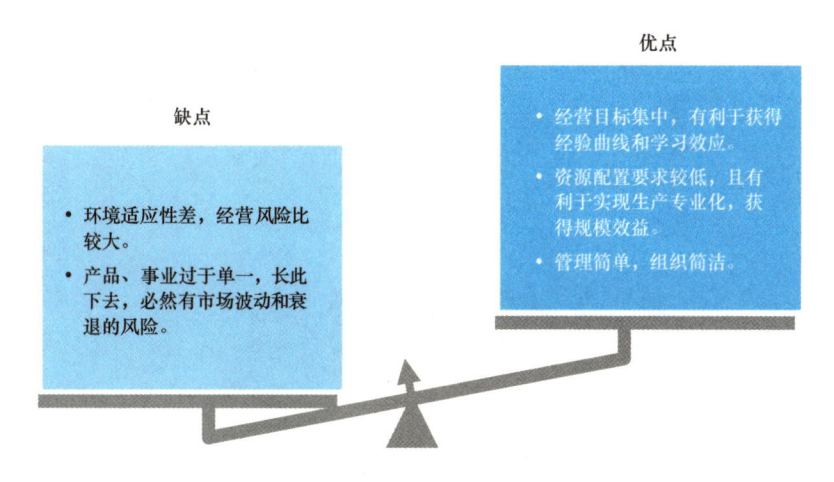

缺点
- 环境适应性差，经营风险比较大。
- 产品、事业过于单一，长此下去，必然有市场波动和衰退的风险。

优点
- 经营目标集中，有利于获得经验曲线和学习效应。
- 资源配置要求较低，且有利于实现生产专业化，获得规模效益。
- 管理简单，组织简洁。

把鸡蛋都放在一个篮子里，并看好它

隐形冠军的概念

指那些不为公众所熟知，却在某个细分行业或市场占据领先地位，拥有核心竞争力和明确战略，其产品、服务难以被超越和模仿的中小型企业。

专业化战略适用于企业发展早期阶段，最终发展为隐形冠军、百年企业。

隐形冠军的特征

专业明确　产品/服务在所在领域做到极致。

专注偏执　克服了多元化的诱惑。

掌握客户　在产品、技术和客户需求的层面，选择了狭窄、专注和深入挖掘；而在商业活动的地域分布方面，则选择了宽广、博大，放眼五洲。

另辟蹊径　对客户的深度理解，对客户进行有价值的创新。

与狼共舞　在世界范围内与竞争对手展开激烈竞争。

资料来源：董大海. 战略管理[M]. 大连：大连理工大学出版社，2006.

专业化战略的基石：价值链

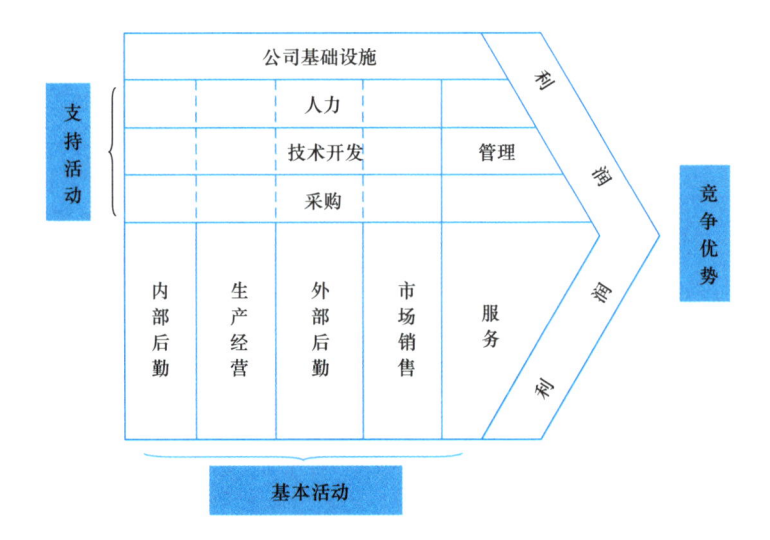

```
          公司基础设施        ╲
          ┌─────────────┐    ╲利
  支持    │    人力      │     ╲润
  活动  { │  技术开发    │ 管理 ╲
          │    采购      │       ╲   竞
          ├──┬──┬──┬──┬─┤       ／  争
          │内│生│外│市│  │      ／   优
          │部│产│部│场│服│     ／利   势
          │后│经│后│销│务│    ／润
          │勤│营│勤│售│  │   ／
          └──┴──┴──┴──┴─┘  ／
              基本活动
```

价值链	企业内部一系列互不相同但又相互关联的价值创造经济活动，价值链分为基本增值活动和辅助性增值活动两大部分。
	企业必须以优于竞争对手的方式完成特定的基本活动或支持活动，通过价值链上独特的价值创造活动创造相对于竞争对手的竞争优势，支撑专业化战略的实现。
基本价值链	一般意义上的"生产经营环节"，如材料供应、成品开发、生产运行、成品储运、市场营销和售后服务，都与商品实体的加工流转直接相关。
辅助价值链	包括组织建设、人事管理、技术开发和采购管理。
典型案例	老干妈公司。

第3章 总体战略

■ **专业化战略的动因：资源与能力的有限性**

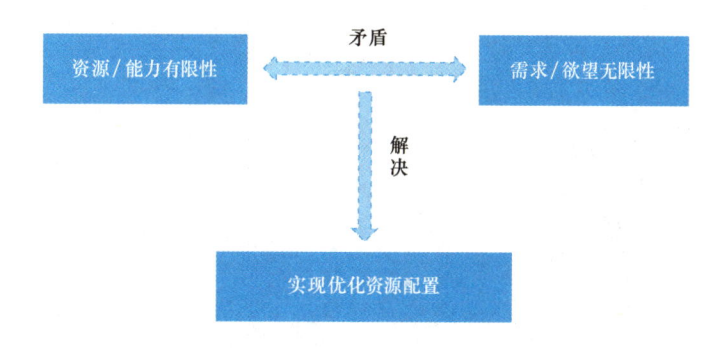

```
[资源/能力有限性] ←—矛盾—→ [需求/欲望无限性]
                ↓ 解决
        [实现优化资源配置]
```

需求和欲望的无限性　欲望的无限性，包括占有、比较、竞争等。

　　　　　　　　　　　需求的无限性，包括生理、安全、社交、尊重、自我实现等。

资源与能力的有限性　企业内部资源的有限性

　　　　　　　　　　　企业能力的有限性

　　　　　　　　　　　企业家认知的有限性

图解战略与商业模式

■ 专业化战略的实现：ECRS（取消、合并、重组、简化）

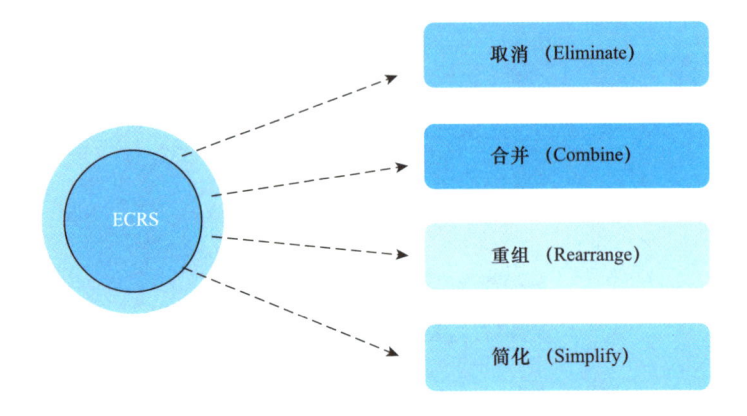

ECRS → 取消（Eliminate）
　　　→ 合并（Combine）
　　　→ 重组（Rearrange）
　　　→ 简化（Simplify）

取消（Eliminate） 消除一些对目标顾客不重要的价值要素，减少价值链环节，降低成本。例如，如家酒店，去除多余的附加、潜在元素，仅为顾客提供最基本的产品。

合并（Combine） 将价值链某一环节的要素进行内部集中，从而在单一价值链节点获得规模优势，形成规模经济效应和效率优势。例如，海底捞的中央厨房，以集中规模采购、集约生产来降低成本。

重组（Rearrange） 对关键顾客价值要素进行重新排序。例如，海尔的服务创新。

简化（Simplify） 简化、避开自身无优势的价值链关键环节，在新的价值链节点创造新的关键顾客价值要素。

第3章 总体战略

■ 专业化战略的结果：专精特新"小巨人"

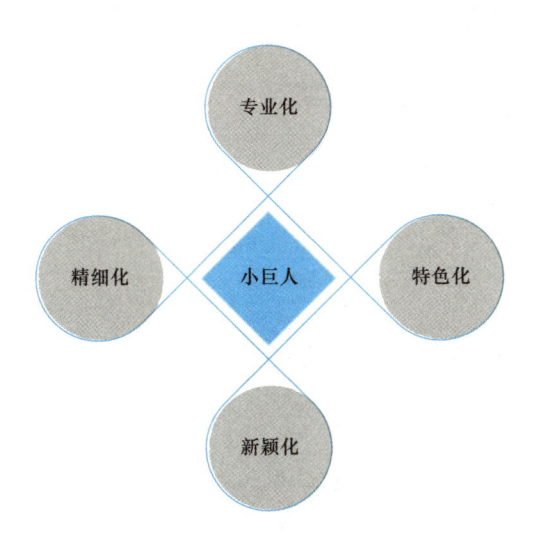

```
           专业化
             ◆
   精细化 ◆ 小巨人 ◆ 特色化
             ◆
           新颖化
```

专业化	专注于核心业务，具有较高专业化生产和协作配套的能力，是产业链中某个环节的强者，主导产品收入占本企业销售收入的50%以上。
精细化	精细化生产、精细化管理、精细化服务。
特色化	品牌独特、品质精良、品类突出。
新颖化	技术创新、工艺创新、管理创新、商业模式创新。

资料来源：作者根据《国务院关于进一步支持小型微型企业健康发展的意见》（国发〔2012〕14号）整理

3.3 一体化"线"战略

一体化战略的概念与类型

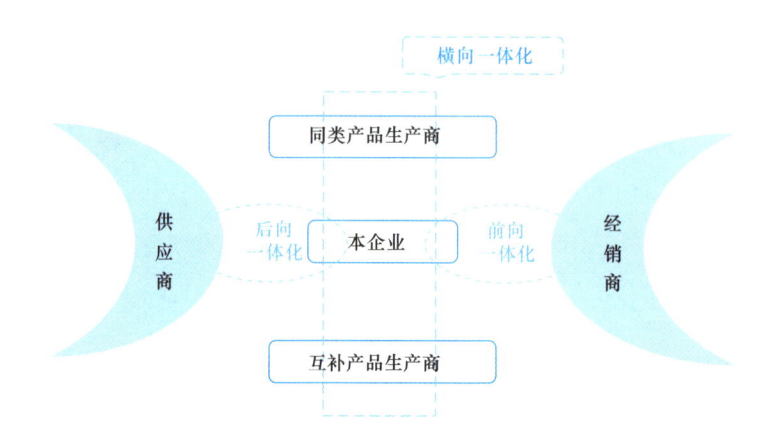

```
                    横向一体化
              ┌──────────────┐
              │  同类产品生产商  │
              └──────────────┘
    供                              经
    应    后向一体化 [本企业] 前向一体化    销
    商                              商
              ┌──────────────┐
              │  互补产品生产商  │
              └──────────────┘
```

一体化战略 企业有目的地将互相联系密切的经营活动纳入企业体系之中，组成一个统一经济实体的控制和支配过程，包括横向一体化、纵向一体化（前向和后向）等类型。

横向一体化 横向一体化也称为水平一体化，是指与处于相同行业、生产同类产品或工艺相近的企业实现联合，实质是资本在同一产业和部门内的集中，目的是实现扩大规模、降低产品成本、巩固市场地位。

前向一体化 企业获得对分销商的所有权或控制力的战略。

后向一体化 企业获得对供应商的所有权或控制力的战略。

资料来源：董大海. 战略管理[M]. 大连：大连理工大学出版社，2006.

■ 一体化战略的基石：产业链

	产业链的两个属性和四个维度	
两个属性	结构属性	由上下游企业通过一定契约关系构成的网络结构
	价值属性	产品和服务在产业链上的流通伴随着价值增值和转移
四个维度	价值链	价值增值、价值转移
	企业链	契约关系、企业联盟内部博弈和外部共赢
	供需链	产品服务的供给和需求匹配均衡
	空间链	企业、产品的相对物理空间位置以及逻辑空间位置

产业链的本质

用于描述一个具有某种内在联系的企业群结构。

产业链分析七问

1. 你所处的行业发展趋势和演变规律是什么？

2. 行业的制高点在哪里？

3. 行业的利润区在哪里？有没有新的利润区？

4. 行业的本质到底是什么？

5. 自己是如何参与这个行业的？在行业里扮演什么角色？处于什么地位？

6. 这个行业里谁是游戏规则的制定者？谁是这个游戏的主导者？谁是被淘汰者？而谁又是新的参与者？

7. 能否改变行业游戏规则，或者重新定义自己的行业和客户，并制定新的游戏规则？

图解战略与商业模式

■ 一体化战略的实施：产业链的分拆、截取、压缩、嵌入或整合

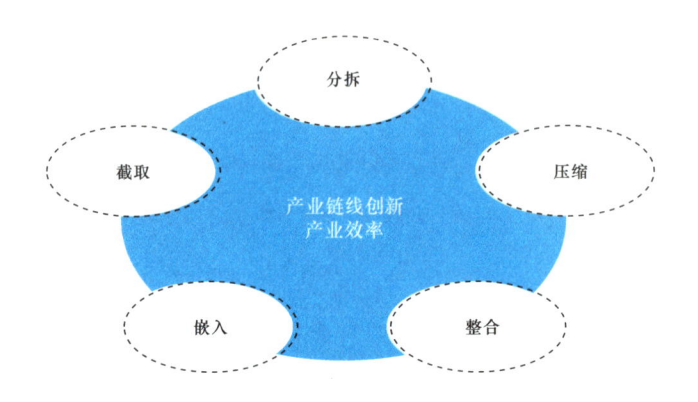

```
        分拆
  截取         压缩
     产业链线创新
     产业效率
    嵌入    整合
```

产业链分拆　将原有的内部价值链的一个或几个环节拆分出去，并将低附加值环节交给外部企业去执行，将企业自身集中于产业链关键节点（例如，耐克轻资产模式）。

产业链截取　在这条产业价值链上，截取任一环节进行组织活动，实现规模经济（例如，富士康）。

产业链压缩　取消产业链中的多余环节，通过降低产业链层级，减少产业链长度等，使产业链整体价值在重新分配、让渡顾客价值的同时，获取企业价值（例如，戴尔公司）。

产业链嵌入　专注于自身所长，将自身价值创造与某一产业链对接，嵌入产业链的某一个关键环节，成为产业链不可或缺的重要一环（例如，ARM公司）。

产业链整合　前向一体化、后向一体化、全产业链整合。

横向一体化战略：行业内相同类型企业的收购、兼并和重组

A 收购
- 收购（Acquisition）是指一家企业用现金或者有价证券购买另一家企业的股票或者资产，以获得对该企业的全部资产或者某项资产的所有权，或对该企业的控制权。

B 兼并
- 兼并（Merger）又称吸收合并，指两家或者更多的独立企业，合并组成一家企业，通常由一家占优势的公司吸收一家或者多家公司进入自己的企业，并以自己的名义继续经营，而被吸收的企业在合并后丧失法人地位，解散消失。

C 重组
- 重组是指企业制定和控制的，将显著改变企业组织形式、经营范围或经营方式的计划实施行为，包括股份分拆、合并、资本缩减（部分偿还）以及名称改变。

收购和兼并是企业之间的关系，而重组是企业内部的变动。

横向一体化战略的实施　对产业链上相同类型企业（相同行业、生产同类产品或工艺相近）进行整合和约束。

收购、兼并、重组是三种主要的横向一体化战略手段。

横向一体化战略的优点　实现规模经济。

减少竞争对手。

较快的生产能力扩张。

横向一体化战略的缺点　管理成本过高。

产品质量难以保证。

政府法规限制。

资料来源：董大海. 战略管理 [M]. 大连：大连理工大学出版社，2006.

纵向一体化战略：产业链上下游的延伸、联合或并购

A 前向一体化
- 企业与流通环节的联合。
- 目的是为了促进或控制产品的销售。

B 后向一体化
- 企业与供应商的联合。
- 目的是为了确保产品或服务所需的全部或部分原材料的供应，加强对关键原材料的控制。

企业"造"与"买"的选择

纵向一体化战略的实施　壮大企业内部，与其他企业契约式联合，并购其他企业。

纵向一体化战略的优点　了解市场信息，提高产品差异化水平。

降低交易成本、产品成本。

加强生产过程的控制，保证供应或销售。

纵向一体化战略的缺点　弱化激励效应。

加大管理难度。

降低经营灵活性。

资本实力要求较高。

资料来源：董大海. 战略管理[M]. 大连：大连理工大学出版社，2006.

第 3 章 总体战略

■ 一体化战略的动因：交易成本、治理成本、安全性、管理费用

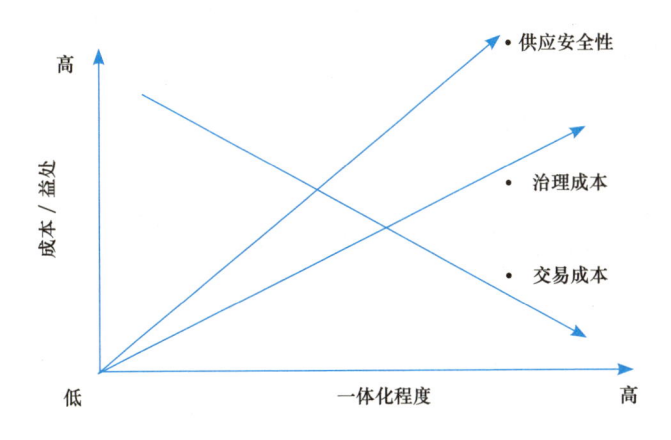

```
成本/益处
高 ↑
                              • 供应安全性
                              
                         • 治理成本
                         
                         • 交易成本
低 └─────────────────────→ 高
         一体化程度
```

交易成本　达成一笔交易所要花费的交易对象成本之外的成本，也指买卖过程中所花费的全部时间和货币成本。

治理成本　公司激励与约束经营者、保障公司决策科学化等机制安排及其实施的成本。

供应安全性　供应链持续、稳定、可靠地供货，其稳定性关系到供应链管理效率和效益的获得。

资料来源：董大海. 战略管理[M]. 大连：大连理工大学出版社，2006.

图解战略与商业模式

■ 一体化战略的结果：全产业链企业

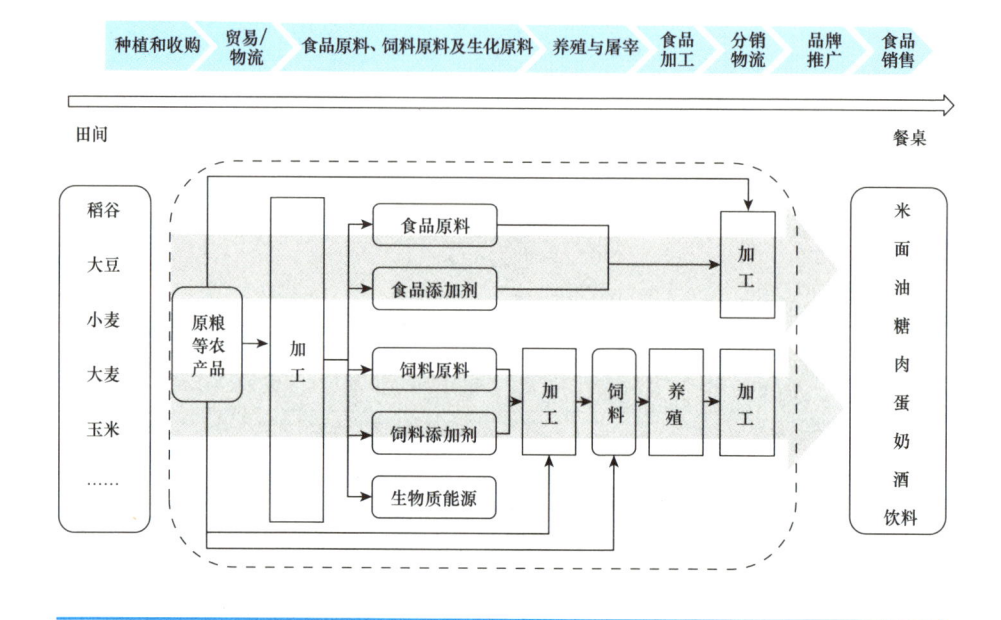

种植和收购 → 贸易/物流 → 食品原料、饲料原料及生化原料 → 养殖与屠宰 → 食品加工 → 分销物流 → 品牌推广 → 食品销售

田间 —————————————————————————→ 餐桌

稻谷、大豆、小麦、大麦、玉米…… → 原粮等农产品 → 加工 → 食品原料 / 食品添加剂 / 饲料原料 / 饲料添加剂 / 生物质能源 → 加工 / 养殖 → 米、面、油、糖、肉、蛋、奶、酒、饮料

全产业链企业特征

一个整体性公司，贯穿附加值高环节，上、下游资源配置平衡，创新与品牌贯穿始终。

全产业链企业是为同一个目标有意设计的多环节、多品类、多功能有机结合的、整体运作的组织，就像一部机器、一盘整棋。

全产业链企业对从源头到终端的每个环节进行有效管理，对关键环节进行有效掌控。

全产业链企业各环节相互衔接，整个产业链贯通。

全产业链企业不同产品线之间的相关功能可以实现整合或战略性有机协同。

全产业链企业是以客户和消费者引领的产业链，在这个模式下，在中间环节会有多个"出口"，最终"出口"是消费品。

中粮集团是全产业链企业的典型代表。

资料来源：中粮集团

3.4 多元化"面"战略

■ 多元化战略的概念：相关多元化、非相关多元化

类型			特征
专业化	单一型 SR ≥ 95%		
相关多元化	主导型 70% ≤ SR ≤ 95%	主导集约型	除具有主导型的一般特征外，各个项目均有关联，联系呈网状
		主导扩散型	除具有主导型的一般特征外，各项目只与组内某个或某几个项目相关联，联系呈线状
		垂直同一型	垂直统一率（Vertical Ratio,VR）
	相关型 SR < 70% RR ≥ 70%	关联集约型	除具有关联型的一般特征外，各项目均有关联，联系呈网状
		关联扩散型	除具有关联型的一般特征外，各项目只与组内某个或某几个项目相关联，联系呈线状
非相关多元化	无关型 SR < 70% RR < 70%		各个项目没有联系

相关多元化　企业以现有条件为基础，发展与现有产品、市场有某种相关性但确实是新产品的战略。

战略驱动的多元化。

非相关多元化　一种从与企业没有明显相关性的产品市场中寻找发展机会的战略。

财务驱动的多元化。

术语解释　专业化率（Specialization Ratio，SR）：企业最大经营业务的销售额占企业销售收入总额的比例。

相关率（Related Ratio，RR）：企业最大一组以某种方式相关联的经营项目的销售额占企业销售收入总额的比例。

资料来源：董大海. 战略管理 [M]. 大连：大连理工大学出版社，2006.

图解战略与商业模式

■ 多元化战略的基石：协同效应

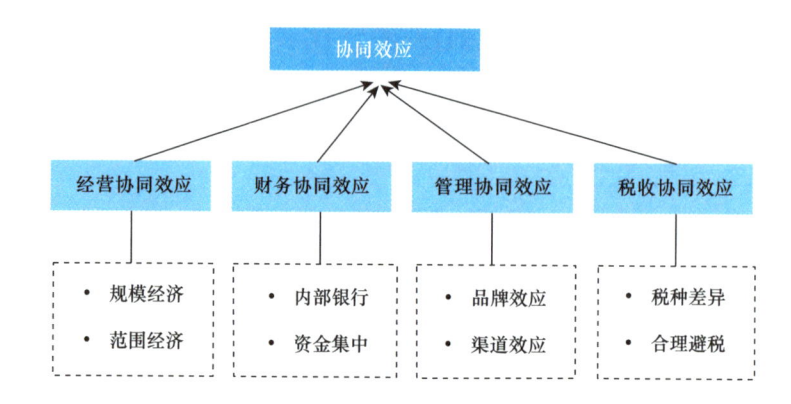

```
                          协同效应
            ┌──────────┬─────┴────┬──────────┐
       经营协同效应  财务协同效应  管理协同效应  税收协同效应
            │            │           │           │
       • 规模经济    • 内部银行   • 品牌效应   • 税种差异
       • 范围经济    • 资金集中   • 渠道效应   • 合理避税
```

协同效应　协同效应（Synergy Effects）是指企业生产、营销、管理的不同环节、不同阶段、不同方面共同利用同一资源而产生的整体效应。简单地说，就是"1+1>2"的效应。

经营协同效应　经营协同效应是指企业集团因范围经济和规模经济的原因，而形成的生产经营活动效率提升的现象。

财务协同效应　财务协同效应是指企业集团因内部银行、资金集中管理等原因，节省外部融资成本、提高内部资金利用效率而形成的协调效应。

管理协同效应　管理协同效应是指企业集团因共享品牌、共享渠道等，多元化业务利用同一资源而形成的整体效应。

税收协同效应　税收协同效应是指企业集团利用不同地区、不同国家之间的税种差异、税率差异，通过合理避税所形成的协同效应。

资料来源：董大海.战略管理[M].大连：大连理工大学出版社，2006.

■ 多元化战略的诱因

管理者诱因
- "超级王国"情结
- 满足个人权利欲
- 个人情结与私欲爱好
- 降低管理者失业风险
- 提供更多升迁机会
- 资本运作、关联交易、隐瞒损失
- 跟风模仿

内部诱因
- 挖掘内部资源潜力
- 形成企业的范围经济
- 分散经营风险
- 快速成长和规模扩张的需要
- 寻找新的生存空间和经济增长点
- 平衡现金流量

外部诱因
- 需求趋于停滞或不确定性增强
- 现有市场垄断、集中程度过高
- 外部机会出现
- 政府强制接管

中国企业多元化战略典型乱象

流浪汉现象　　没有方向意识和连贯一致的经营战略。

追星族现象　　不顾自身的资源状况，在战略上追求时髦概念。

航母情结现象　　过度追求规模，认为"大而不倒""规模即安全"。

见异思迁现象　　经不住市场上不断涌现的"利润增长点"的诱惑，热衷于"哪里热闹哪里赶"。

资料来源：北大纵横管理咨询公司

多元化战略的利弊

多元化战略的正、负效应

正效应：
- 内部优势：内部交易、内部资本市场、内部劳动力市场
- 风险分散：减少利润率波动
- 协同效应：销售、生产、管理
- 范围经济：研发、设备、销售、广告、品牌等
- 信息优势：内部资源、技术人才信息、合并报表

负效应：
- 管理成本：组织结构复杂，管理跨度增大
- 过度投资：资金方便、巩固权力等原因导致投资不经济
- 品牌的多米诺骨牌效应：一损俱损
- 跨行业补贴：资源利用不经济
- 信息失衡：委托代理问题
- 主营业务不突出：缺乏核心竞争力

相关多元化

优点 利用企业原有事业的能力和技术以及资源基础，可获得协同效用，风险小，易成功。

缺点 强调了相关性，有可能失去虽不相关但发展前途好的机会。

非相关多元化

优点 可充分利用各种发展机会，甚至使主业发生转移，增强企业适应能力和稳定性。

可发挥综合优势，加强协同作用。

缺点 相关性差导致组织膨胀，加大管理难度。

由于企业资源和能力过于分散，可能在各类市场都不占领先地位。

资料来源：董大海. 战略管理 [M]. 大连：大连理工大学出版社，2006.

第 3 章 总体战略

■ **多元化战略的西方思维：六个前提**

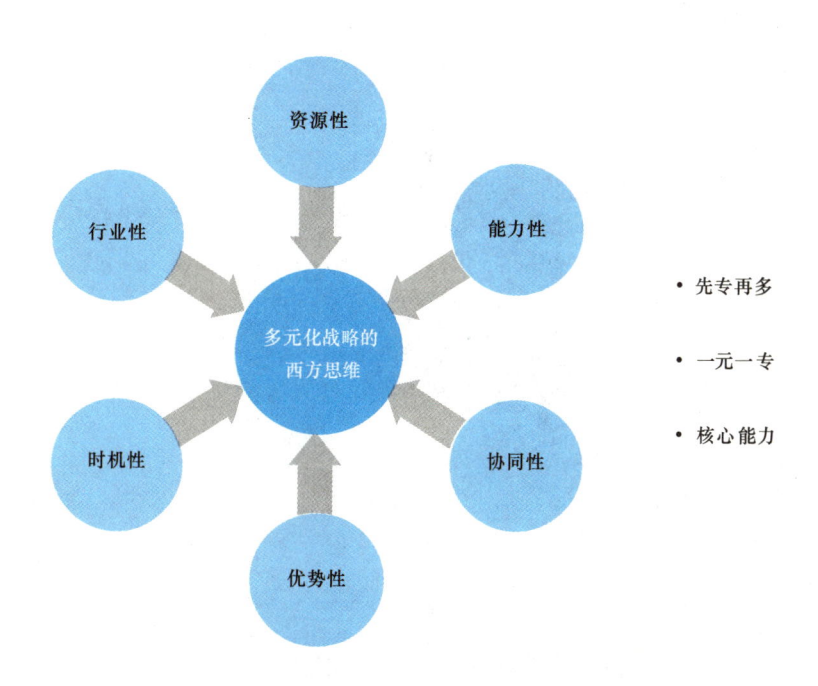

（图：多元化战略的西方思维，包括 资源性、能力性、协同性、优势性、时机性、行业性）

- 先专再多
- 一元一专
- 核心能力

多元化战略的六个前提条件

行业性 技术结构为发散型。

资源性 经营资源有所剩余，有一定的资源支持。

能力性 企业已培养核心竞争能力，在此基础上再进行多元化。

协同性 不同业务之间具有正相关性，资源上具有一定的相关性。

优势性 在行业内具有一定地位。

时机性 在经济高涨期或是生命周期后期，已取得较大优势或市场占有率。

资料来源：上海华彩管理咨询公司

图解战略与商业模式

■ 多元化战略的东方思维：多元化经营、内部交易、政治关联

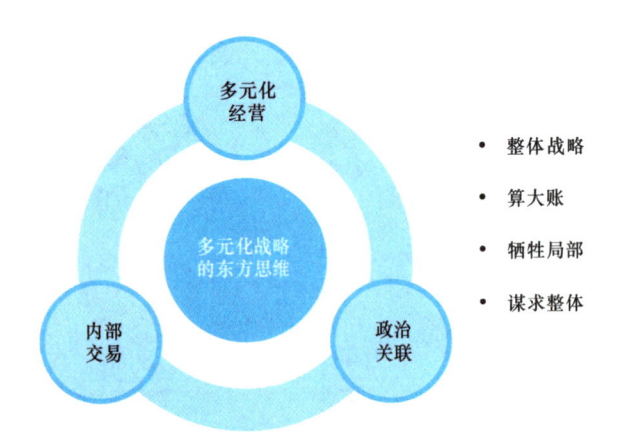

```
       多元化
       经营
                        • 整体战略
    多元化战略           • 算大账
    的东方思维           • 牺牲局部
  内部        政治       • 谋求整体
  交易        关联
```

多元化经营　利用集团的影响力进行多元化经营。

　　　　　　　利用多元化对冲风险。

　　　　　　　利用多元化降低进入壁垒并提高进攻壁垒。

　　　　　　　利用多元化赚取政策红利，熨平因政策不稳定而导致的企业经营利润的不稳定。

内部交易　集团多元化可以促进内部交易，降低交易成本。

　　　　　　实行内部计划经济，外部市场化经济，提高子公司外部竞争力。

政治关联　与政府建立良好的关系，可以获得政府支持和垄断性资源支持。

　　　　　　在政府的支持下，不断把资源、资本配置到当前回报较好的一些产业。

资料来源：上海华彩管理咨询公司

多元化业务选择工具之一：波士顿矩阵

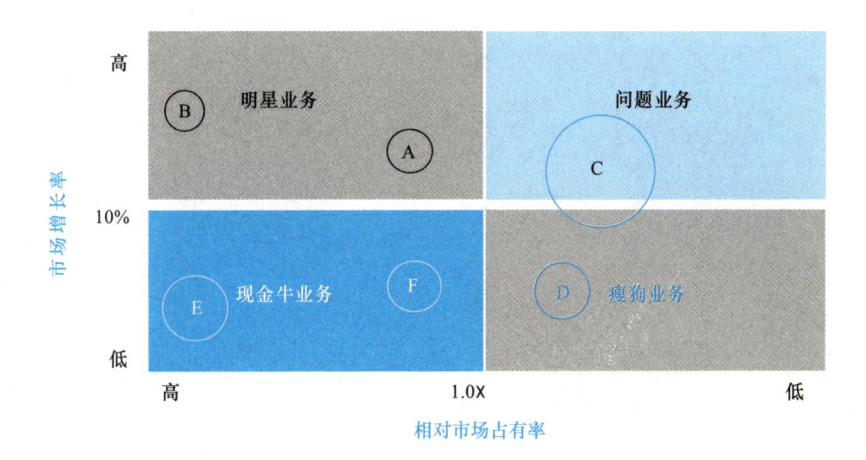

```
         高  ┌─────────────────────┬─────────────────────┐
             │                     │                     │
             │   B  明星业务        │      问题业务        │
             │                     │                     │
市            │         A           │       C             │
场   10%     ├─────────────────────┼─────────────────────┤
增            │                     │                     │
长            │   现金牛业务         │      瘦狗业务        │
率            │   E        F        │       D             │
         低  └─────────────────────┴─────────────────────┘
            高              1.0X                      低
                        相对市场占有率
```

波士顿矩阵	通过系统分析企业的全部产品或业务组合，解决企业经营的相关业务之间现金流量的平衡问题。
矩阵的横轴	表示企业在产业中的相对份额，是指企业某项业务的市场份额与这个市场上最大的竞争对手的市场份额之比，反映企业在市场上的竞争地位。相对市场份额分界线一般取为 1.0～1.5，并依此划分为高、低两个区域。
矩阵的纵轴	表示市场的增长率，是指所企业产业某项业务前后两年市场销售额增长的百分比，反映每项业务的市场相对吸引力，一般以 10% 作为分界线，将坐标分为高、低两部分。
图中的坐标交叉点	表示企业某项业务或产品。
圆圈的面积	表示该项业务或产品的收益与客户全部收益的比率。

资料来源：波士顿咨询公司

多元化业务选择工具之一：BCG 矩阵

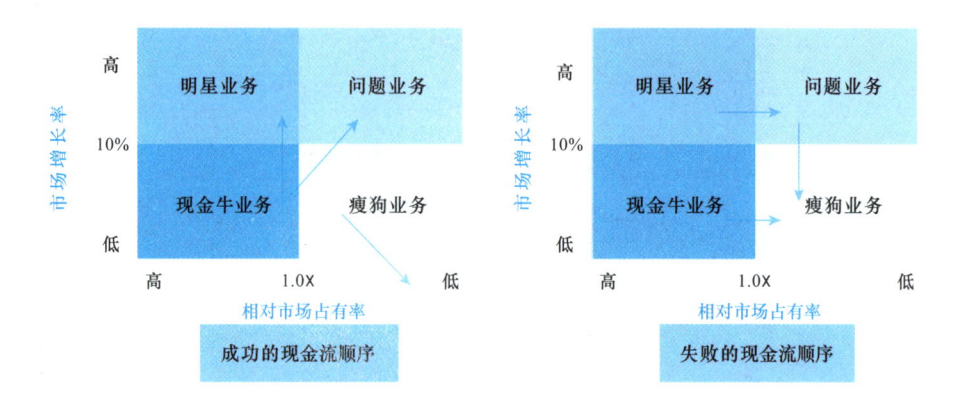

	成功的现金流顺序	失败的现金流顺序
市场增长率 高/10%/低	明星业务 / 问题业务 / 现金牛业务 / 瘦狗业务	明星业务 / 问题业务 / 现金牛业务 / 瘦狗业务
	相对市场占有率 高 1.0X 低	相对市场占有率 高 1.0X 低

明星业务   高增长－强竞争地位的业务，此类业务处于迅速增长的市场，具有很大的市场份额，具有增长活力、长期机会，但需要大量资金投入，企业在短期内应优先予以资源支持。

问题业务   高增长－弱竞争地位的业务，处于最差的现金流量状态，需要大量现金支持，但往往生成较少的资金产出，需要对此类业务加以细致的分析，研究是否值得继续投资。

现金牛业务   低增长－强市场地位的业务，一般处于成熟的市场中，市场地位有利，盈利率高，本身一般不需要投资，即可产出大量现金。

瘦狗业务   低增长－弱市场地位的业务，此类业务处于饱和的市场之中，竞争激烈，获利能力低，不能成为企业资金来源，要考虑退出或剥离。

部分具有良好现金流的"瘦狗"业务，由于资本密集度低则不必关闭，相反，是企业"收割"对象。

资料来源：波士顿咨询公司

第3章 总体战略

■ 多元化业务选择工具之二：通用矩阵

	高	中	低
高	尽量扩大投资，谋求主导地位	市场细分以追求主导地位	专门化，采取购并策略
中	选择细分市场大力投入	选择细分市场专门化	专门化，谋求小块市场份额
低	维持地位	减少投资	集中于竞争对手盈利业务或放弃

纵轴：行业吸引力　横轴：企业竞争力

通用矩阵　　通用矩阵是改进的波士顿矩阵，9个区域更好地反映企业处于不同地位的业务经营状态。

矩阵的纵轴：用多个指标反映行业吸引力。

矩阵的横轴：用多个指标反映企业的竞争地位。

在两个坐标上都增加了中间等级。

不同象限的业务处理　　位于左上角三个格：最适于采取增长与发展战略，企业应优先分配资源。

位于对角线三个格：最适于采取维持或有选择地发展战略，企业应保持其原有规模，并适度调整其发展方向。

位于右下角三个格：最适于采取停止、转移、撤退战略。

资料来源：波士顿咨询公司

多元化战略的业务组合维度：产业、空间、时间、风险

```
产业特性维度    空间组合维度
时间组合维度    风险维度
```

产业特性维度　利润与现金流平衡，实业与服务平衡，发展的速度平衡。

空间组合维度　是各个产业在地理分布上的一种设计。

时间组合维度　是时间维度上的把握，就是在时间维度上把握成熟产业、成长产业、衰退产业之间的辩证关系。

风险维度　高风险、中风险、低风险三种产业进行组合。

资料来源：上海华彩管理咨询公司

第3章 总体战略

■ **良性的多元化业务组合结果：麦肯锡三层次业务组合**

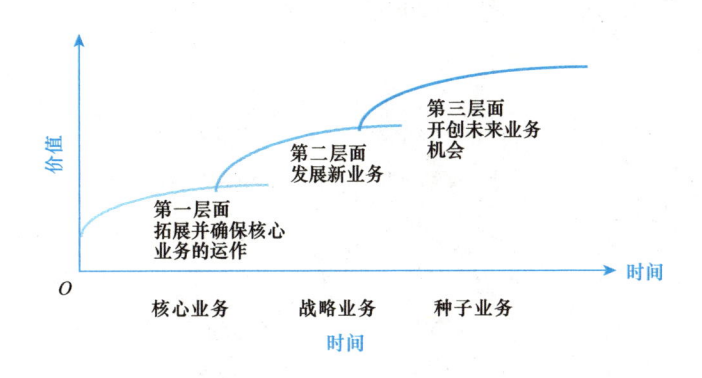

```
价值
         ┌─ 第三层面
         │  开创未来业务
     ┌───┤  机会
     │ 第二层面
     │ 发展新业务
┌────┤
│ 第一层面
│ 拓展并确保核心
│ 业务的运作
O─────────────────────────→ 时间
   核心业务  战略业务  种子业务
              时间
```

分析要点 \ 类型	核心业务	战略业务	种子业务
衡量标准	利润 投资资本回报	销售收入 净现值	选择方向的价值
关键成功因素	集中于业绩	营造创业环境	未来业务中的地位
员工	业务维持者	建立业务者	思考者与探索者
能力	自身拥有完整的能力基础	可以整合或发展需要的能力	能力要求可能不十分清楚
激励理念	以财务方面为主	以里程碑进度为主	以行为和具体工作为主

资料来源：麦肯锡咨询公司

3.5 特殊总体战略

■ 跨区域的多元化：国际化战略

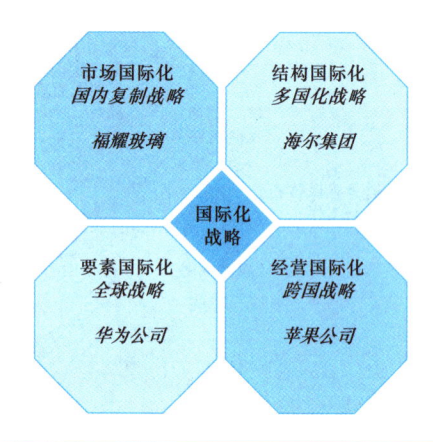

```
         市场国际化              结构国际化
         国内复制战略            多国化战略
           福耀玻璃                海尔集团
                      国际化
                       战略
         要素国际化              经营国际化
          全球战略               跨国战略
          华为公司                苹果公司
```

国内复制战略（市场国际化）

把国内能力，如生产制造、分销模式以及品牌影响等复制到外国市场，其对应的组织结构是国际事业部。

多国化战略（结构国际化）

国内复制战略的倍增，同时在多个国家投资经营，把每个国家市场都作为一个独立的"国内"市场经营，根据每个市场的特点区别经营，其对应的组织结构是跨区域结构。

全球战略（要素国际化）

向全球所有的市场推销标准化的产品和服务，实现低成本优势最大化，其对应的组织结构是全球产品事业部。

跨国战略（经营国际化）

在多国投资的基础上追求"鱼和熊掌兼得"，既要低成本又要兼顾当地化，其对应的组织结构是全球矩阵结构。

资料来源：柯银斌，企业战略管理课件

跨区域的多元化：中国企业全球化战略

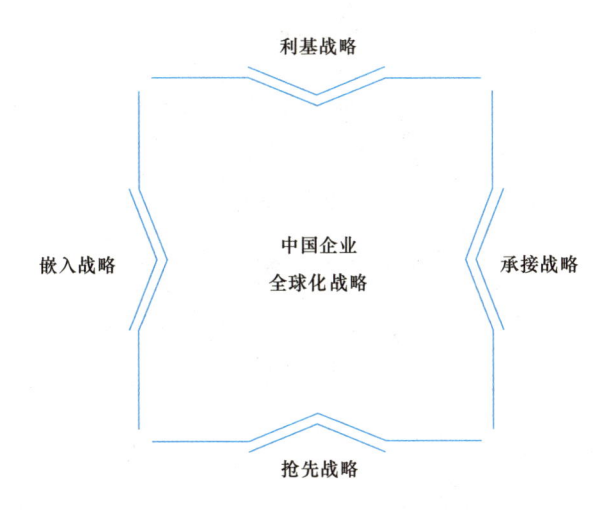

```
                    利基战略
                      ╲╱
          ┌──────────────────────┐
          │                      │
  嵌入战略 │      中国企业         │ 承接战略
          │      全球化战略       │
          │                      │
          └──────────────────────┘
                      ╱╲
                    抢先战略
```

类型	利基战略	嵌入战略	承接战略	抢先战略
市场属性	利基市场	主流市场	现有市场	全新市场
游戏规则	制定	完全遵从	遵从	多方协定
竞争对手	忽视/不关注	忽视/不关注	退出/放弃	必争/力争
竞争优势	综合优势	本土制造	本土市场	技术资源
基本条件	不一定	不一定	本土领先	本土领先
实施难度	小	小	中	大
风险程度	小	小~中	中~大	大
所需时间	中	短	短	长
典型企业	传音手机	富士康集团	联想集团	华为公司

资料来源：柯银斌，企业战略管理课件

图解战略与商业模式

■ **围绕区域的多元化：围点打援，中国三、四线企业集团**

环形图（外圈业务）：衣食住行、流通业务、资金业务、公共事业、不动产业务、资源业务、生产业务
中圈：政治关联、社会联系、伦理关系
内圈：特定区域

区域多元化　　　　　　　指企业在某个地方市场同时经营多个行业。

跨区域发展　　　　　　　企业在原有经营区域以外的区域开展各种经营、生产及商业活动。

区域多元化的根基　　　　在特定区域内的政治关联、伦理关系、社会联系。

典型案例：区域多元化企业　中国广大三、四线城市的区域型企业集团。

第3章 总体战略

■ **围绕客户的多元化：多业务融合、商业生态系统**

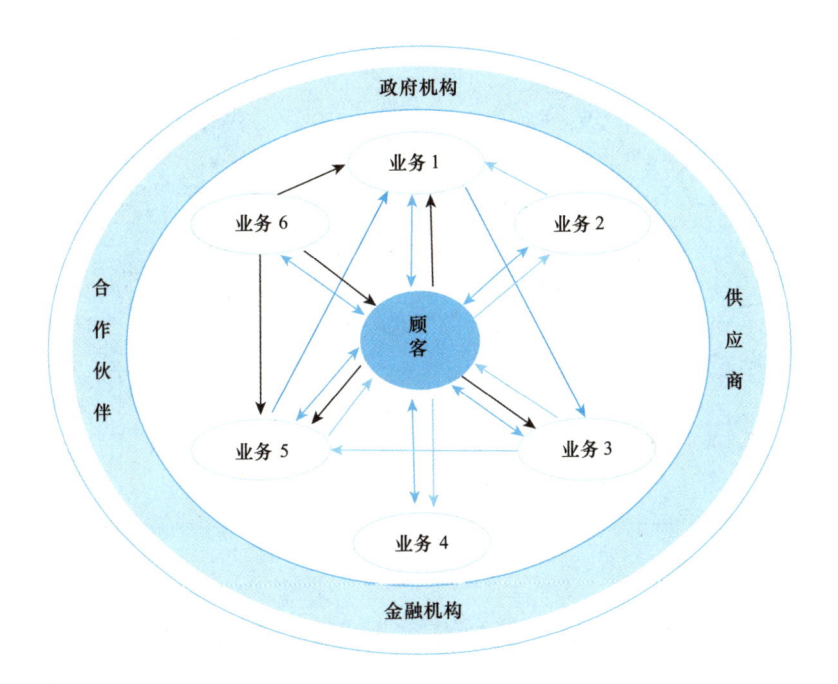

（图示：外圈为政府机构、供应商、金融机构、合作伙伴；内圈为业务1—业务6围绕顾客相互作用）

多业务融合　　基石：客户黏性。

每一个新业务推出的核心诉求是增强已有客户的黏性。

围绕已有客户的多维度、多层级需求推出新业务。

多业务融合形成稳定的商业生态系统。

商业生态系统　　是以组织和个人（商业世界中的有机体）的相互作用为基础的经济联合体。

是供应商、生产商、销售商、市场中介、投资商、政府、消费者等以生产商品和提供服务为中心组成的群体。

典型企业　　万达集团的多业务融合。

资料来源：董大海. 战略管理[M]. 大连：大连理工大学出版社，2006.

归核化战略：从非相关多元化到相关多元化的转变

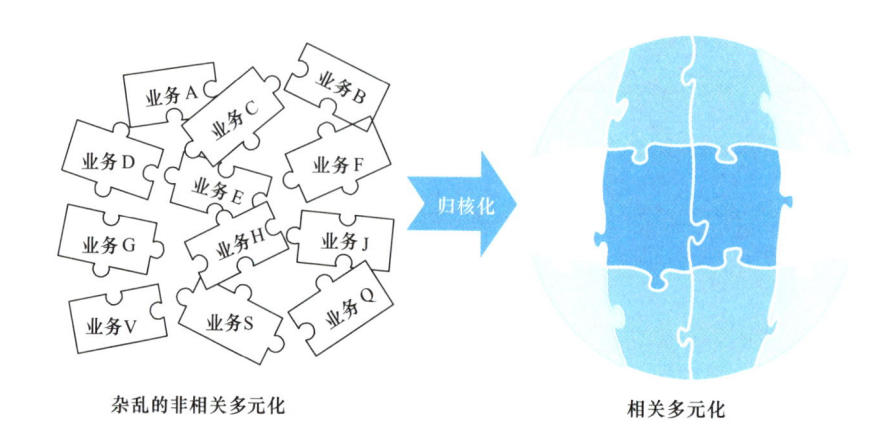

杂乱的非相关多元化 → 归核化 → 相关多元化

归核化战略的概念

多元化经营的企业将其业务集中到其资源和能力具有竞争优势的领域。

基本思想是剥离非核心业务，分化亏损资产，回归主业，保持适度相关多元化。

归核化不等于专业化，也不等于简单地否定多元化，而是强调企业的业务与企业核心能力的相关性，强调业务向企业的核心能力靠拢，资源向核心业务集中。

归核化后的企业仍是多元化的，但业务间的关联度较高，企业的经营绩效较好，竞争优势明显，竞争力增强。

归核化战略的实施

对于企业核心业务的确定。

对于非核心业务的剥离。

对于核心业务的强化和支援。

典型案例

美国通用电气的归核化。

资料来源：董大海. 战略管理 [M]. 大连：大连理工大学出版社，2006.

■ 雁阵组合：支点业务和两翼业务的良性组合

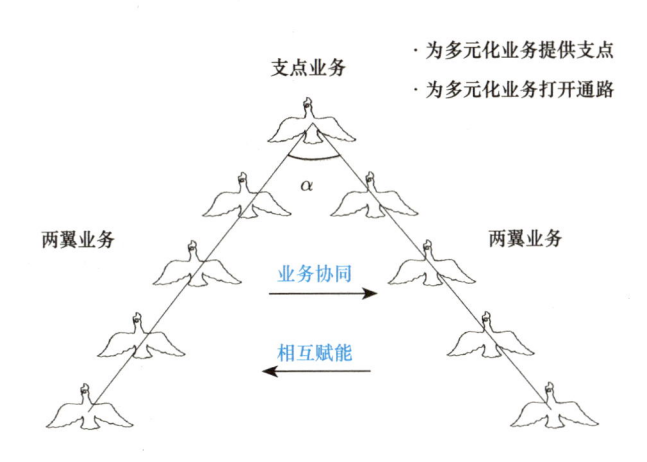

支点业务
- 为多元化业务提供支点
- 为多元化业务打开通路

两翼业务　　　　　两翼业务

业务协同 →

← 相互赋能

雁阵效应（Wild Goose Queue Effect）

雁群在天空中飞翔，一般都是排成人字阵或一字斜阵，并定时交换左右位置。

后一只大雁能够借助于前一只大雁的羽翼所产生的空气动力，使飞行省力。

交换左右位置，目的是使另一侧的羽翼也能借助于空气动力缓解疲劳。

招商局集团的PPC（前港－中区－后城）雁阵业务组合

以港口带动产业园、物流、海工、金融等业务，"雁型出海"。

支点业务：港口业务。

两翼业务之一：航运、物流、海工装备、公路业务。

两翼业务之二：金融、产业园区开发、社区开发。

资料来源：招商局集团

第 4 章

竞争战略

4.1 竞争战略概述

4.2 通用竞争战略

4.3 位次竞争战略

4.4 结构竞争战略

4.5 竞合战略概述

4.1 竞争战略概述

■ 竞争战略的概念

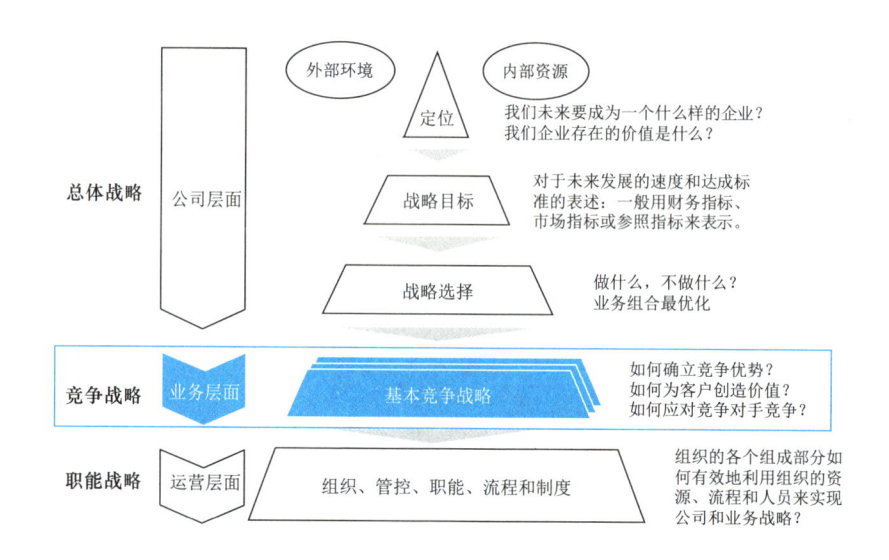

总体战略	公司层面	外部环境 内部资源 **定位** — 我们未来要成为一个什么样的企业？我们企业存在的价值是什么？ **战略目标** — 对于未来发展的速度和达成标准的表述：一般用财务指标、市场指标或参照指标来表示。 **战略选择** — 做什么，不做什么？业务组合最优化
竞争战略	业务层面	**基本竞争战略** — 如何确立竞争优势？如何为客户创造价值？如何应对竞争对手竞争？
职能战略	运营层面	组织、管控、职能、流程和制度 — 组织的各个组成部分如何有效地利用组织的资源、流程和人员来实现公司和业务战略？

竞争战略

竞争战略是企业战略的一部分，又称为业务单元战略或者 SBU 战略，在企业总体战略的制约下，指导和管理具体业务经营单位的计划和行动；对应层级：业务单元层面（集团的二级公司）。

竞争战略与发展战略的区别

竞争战略就是对竞争中整体性、长期性、基本性问题的计谋，发展战略就是对发展中整体性、长期性、基本性问题的计谋。

竞争战略需要通过确定顾客需求、竞争者产品及该企业产品这三者之间的关系，来奠定该企业产品在市场上的特定地位并维持这一地位。

资料来源：迈克尔·波特. 竞争战略 [M]. 北京：华夏出版社，2005.

第4章 竞争战略

■ **竞争战略的核心任务：与谁、何时、何地、如何竞争？**

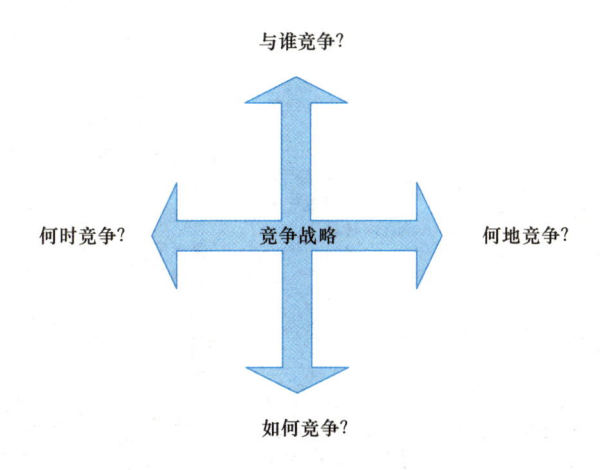

```
                    与谁竞争？
                        ↑
                        |
        何时竞争？ ←— 竞争战略 —→ 何地竞争？
                        |
                        ↓
                    如何竞争？
```

与谁竞争？ 　竞争对手是谁？
　　　　　　　　竞争对手的竞争优势是什么？

何时竞争？ 　指战略的时间动态考虑，即随着时间推移，战略构架需不断改变成新模式。

何地竞争？ 　选择目标市场、产品和顾客，以集中力量于一些细分的产品或顾客市场上。

如何竞争？ 　列举可能使用的竞争方式，并尝试采用不同的基本竞争手段。

资料来源：迈克尔·波特. 竞争战略[M]. 北京：华夏出版社，2005.

图解战略与商业模式

■ 竞争战略的终极追问：竞争优势的四次浪潮

分析要点 \ 优势来源	竞争优势外生论	竞争优势内生论 静态论	竞争优势内生论 动态论	网络组织理论
基本假设	·行业内的企业是同质的 ·企业资源和能力是同质的 ·企业的行业和竞争环境是企业成功制定战略的决定性因素 ·环境是可预测的或基本可预测的	·行业内企业是异质的 ·企业资源具有异质性 ·这些资源具有黏性，不会无成本地在企业之间转移	·行业内企业是异质的 ·不可复制的特异资源，在新的动态环境下变得更加容易替代 ·特异性和专用性强的资源可能会阻碍企业的变革	·行业内的企业是异质的 ·组织处于一个开放系统之中，其内部无法产生所需的所有资源 ·企业所在的网络使其从外部环境中获得战略性互补资源
租金性质	·张伯伦式租金	·李嘉图式租金	·熊彼特式租金	·关系租金、网络租金
竞争优势主要来源	·企业所处的行业及企业在行业中的位势	·企业累积的战略性资源（能力或知识）	·企业的动态性、灵活性与对市场的快速响应（敏捷性）	·企业与网络成员之间的关系，特别是企业与上、下游企业之间的关系
关注重点	·产业结构和企业竞争定位	·企业资源（能力或知识）的异质性、稀缺性、因果模糊性、路径依赖性	·面对变化的市场，能够迅速整合和重构内外资源（能力），形成新的竞争优势	·建立企业与网络成员之间长期合作、相互信任的动态关系
分析单位	·产业中的企业	·单个企业	·单个企业	·企业与其网络成员之间的关系

张伯伦式租金 来源于高进入壁垒的垄断资金，它通过利用经济规模、高额的转移成本等机制，建立起行业的高进入壁垒。

李嘉图式租金 由短期内资源供给所带来的经济租金。

熊彼特式租金 主张通过新商业、新技术、新供应源和新的组织模式的创新来获得企业经济租金，是因企业家的创新而产生的经济租金。

关系租金、网络租金 关系租金是指必须通过合作方的共同努力所创造的超过企业独立单干所得之和的超额利润。网络租金是网络组织成员创造的总利润减去其单干利润之和后的正的剩余。

资料来源：董大海.战略管理[M].大连：大连理工大学出版社，2006.

4.2 通用竞争战略

■ 通用竞争战略的类型：总成本领先战略、差异化战略、聚焦战略

范围＼基础	低成本地位	被顾客察觉的独特性
整体产业	总成本领先战略	差异化战略
细分市场	总成本领先聚焦战略	差异化聚焦战略

总成本领先战略 企业通过降低自己的生产和经营成本，以低于竞争对手的产品价格，获得市场占有率，并获得同行业平均水平以上的利润，以低成本获得持久竞争优势。

差异化战略 企业力求在顾客广泛重视的一些方面，在该行业内独树一帜。它会选择许多用户重视的一种或多种特质，并赋予其独特的地位，以满足顾客的要求。

聚焦战略 集中型战略，把经营战略的重点放在一个特定的目标市场，为特定的地区或特定的购买者集团提供特殊的产品或服务。聚焦战略分为总成本领先聚焦战略、差异化聚焦战略。

排他性唯一选择 企业需要在三种通用基本竞争战略中做出排他性的唯一选择，骑墙或夹在中间的公司会面临模糊不清的企业文化、相互冲突的组织与激励系统及品牌形象等。

资料来源：迈克尔·波特. 竞争战略[M]. 北京：华夏出版社，2005.

■ 总成本领先战略——基本逻辑：低成本—高市场份额—高利润的良性循环

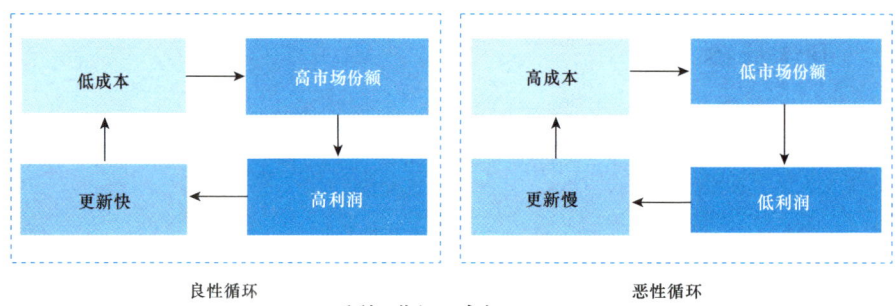

```
低成本 → 高市场份额              高成本 → 低市场份额
  ↑        ↓                      ↓        ↓
更新快 ← 高利润                  更新慢 → 低利润
  良性循环                           恶性循环
```

- 毛利 = 收入 − 成本
- 毛利增加的途径：收入增加，成本减少
- 总成本领先战略侧重于成本减少

低成本 — 高市场份额 — 高利润的良性循环

总成本领先战略就是以大规模生产和经营来降低成本，再以低成本所支持的低价格来赢得市场，增加收入，最终实现盈利的。

规模经济效应　它是指生产规模扩大而导致的长期平均成本下降的现象。

高价格弹性　产品和服务的销售量对价格很敏感，具有较高的价格弹性。

大市场容量　市场容量足够大，为大规模生产提供必要的规模土壤。

高市场份额　客户品牌忠诚度较低，通过价格战能够获得较高的市场份额。

资料来源：迈克尔·波特．竞争战略[M]．北京：华夏出版社，2005．

第4章 竞争战略

■ 总成本领先战略——定价策略：准、狠、高、快、巧

以成本为基础的定价决策	以竞争为基础的定价决策	折扣定价策略	产品生命周期与价格策略
· 先进的技术 · 总成本最优	· 设定目标 · 阶段性降价 · 消灭小规模企业	· 数量折扣 · 现金折扣 · 季节性折扣	· 初期：低价渗透策略 · 成熟期：价格适当上涨，性价比最优化

定价准　　与目标市场购买力契合，抑制竞争对手进入，激进式定价。

降价狠　　降价幅度大，价格杀手，价格屠夫。

频次高　　增加降价频次，始终在价格上领先于对手。

动作快　　与竞争对手针锋相对，始终快于竞争对手。

运作巧　　与市场营销策略相配合，价格、促销、渠道联动。

总成本领先战略——细分类型

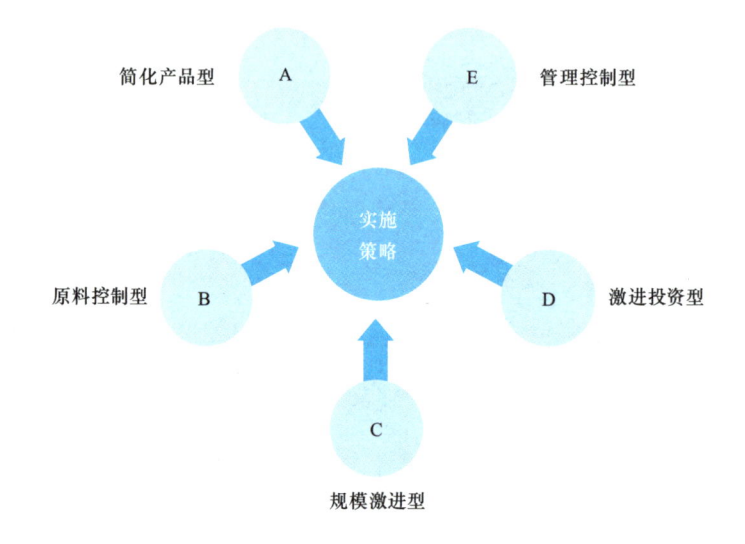

```
简化产品型  A         E  管理控制型
                实施
                策略
原料控制型  B         D  激进投资型
            C
         规模激进型
```

简化产品型　产品易制造，利用较宽的产品系列以便分散成本；将产品或服务中添加的花样全部取消。

原料控制型　控制关键原材料的成本，支撑较高的市场份额或者原材料优势。

规模激进型　规模化生产、经验曲线、降低成本。

激进投资型　通过大规模自动化设备投资、激进价格战、承担初始亏损，攫取高市场份额，进而启动"高市场份额—规模经济—成本优势—利润"的正向循环。

管理控制型　严苛的成本与管理费用控制。

资料来源：迈克尔·波特. 竞争战略 [M]. 北京：华夏出版社，2005.

第4章 竞争战略

■ 总成本领先战略——适用条件

- 替代品：替代威胁较小
- 供方：原材料供应足
- 购买者：议价能力强、转换成本低、价格弹性高
- 现有竞争对手的竞争：产业成熟、竞争激烈、市场容量较大
- 潜在进入者：潜在进入者少

内部条件：生产制造技能、严谨工人或自动化设备、持续投融资能力

外部条件之一：竞争对手

产业成熟，现有竞对手众多；

现有竞争企业之间的价格竞争非常激烈，且多为同质化竞争；

整体市场容量和市场规模较大。

外部条件之二：购买者

购买者使用产品方式相同，在不同厂家之间的转换成本低；

购买者的议价能力强，具有较大的降价谈判能力；

商品的销售量对价格很敏感，具有较高的价格弹性。

外部条件之三：供方

原材料供应充足，原材料提供企业选择众多。

外部条件之四：替代品

替代品的替代效应不强，替代威胁较小。

外部条件之五：潜在进入者

产业存在规模壁垒，潜在进入者数量不多。

资料来源：迈克尔·波特.竞争战略[M].北京：华夏出版社，2005.

总成本领先战略——优点和缺点

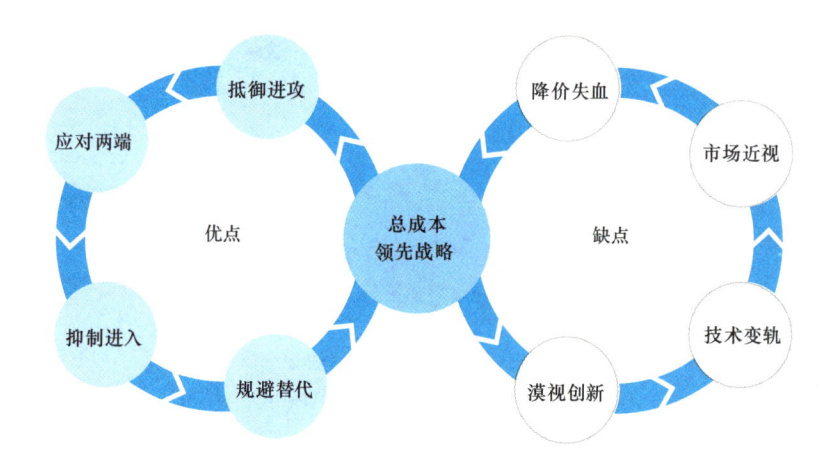

总成本领先战略的优点

抵御进攻：抵挡住现有竞争对手的对抗。

应对两端：抵御购买商讨价还价的能力，更灵活地处理供应商的提价行为。

抑制进入：形成规模壁垒的进入障碍。

规避替代：树立与替代品的竞争优势。

总成本领先战略的缺点

降价失血：降价过度引起利润率降低。

市场近视：丧失对市场变化的预见能力。

技术变轨：技术变化降低企业资源的效用。

漠视创新：只重视制造活动成本，忽视其他活动。

资料来源：迈克尔·波特. 竞争战略[M]. 北京：华夏出版社，2005.

第4章 竞争战略

■ 总成本领先战略——实施途径

材料供应商	研发中心	制造	分销	客户
• 新型低成本材料 • 集中采购,降低成本 • 避免使用高成本的原材料和零部件	• 研发低成本产品 • 研发新工艺流程,易于制造 • 简化产品设计,零配件标准化	• 改进工艺 • 优化制造流程 • 及时制生产 • 质量控制 • 在地理位置方面,靠近供应商和消费者,减少运输成本	• 渠道优化 • 销售费用控制 • 库存管理 • 削减中间商,减少渠道成本,直达用户	• 削减产品线或附加服务,只提供基本的、无附加的产品或服务

局部方案

整体方案

- 并购竞争对手,形成规模经济
- 采用信息系统降低手工作业成本,提高效率
- 供应链整体优化
- 企业流程再造
- 外包没有效率的环节,以降低成本
- 前向或后向整合供应链,降低交易成本
- 严格的管理控制

→ 成本领先

总成本领先代表性企业

丰田汽车

· 精益生产、准时制生产方式(JIT)

· 整理、整顿、清扫、清洁、素养(5S)、六西格玛(6sigma)

宏基电脑

· 微笑曲线

· 成本致胜

中粮集团

· 产业链成本致胜

· 产业链好产品

资料来源:迈克尔·波特.竞争战略[M].北京:华夏出版社,2005.

差异化战略——基本逻辑：人无我有，人有我优，人优我异

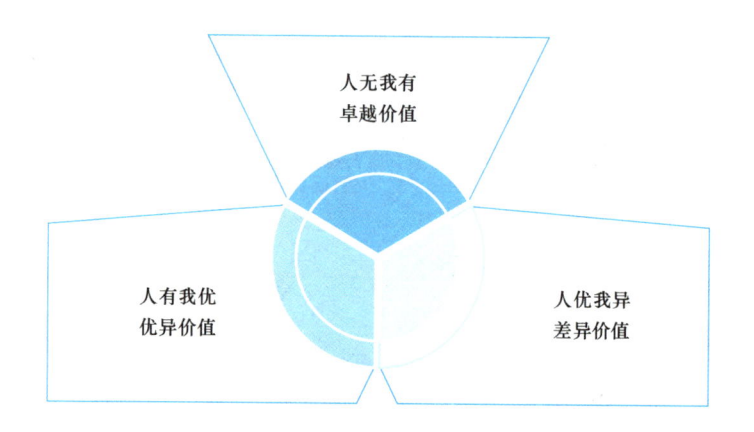

```
         人无我有
         卓越价值


人有我优              人优我异
优异价值              差异价值
```

顾客价值　　顾客价值（CV）= 品牌（B）× 顾客利益（U）/ 顾客成本（C）

　　　　　　顾客利得（U）= Σ 产品性能、质量、渠道、服务、促销、沟通

　　　　　　顾客成本（C）= Σ 货币成本、使用周期、使用成本

　　　　　　品牌（B）：明确定位、易于选择、情感共鸣，节省选择成本、品牌背书

二八定律　　通常一个企业 80% 的利润来自其 20% 的项目；

　　　　　　在一众人群中总有 20% 的人想与众不同，并愿意为与众不同付费。

资料来源：迈克尔·波特. 竞争战略 [M]. 北京：华夏出版社，2005.

■ 差异化战略——定价策略

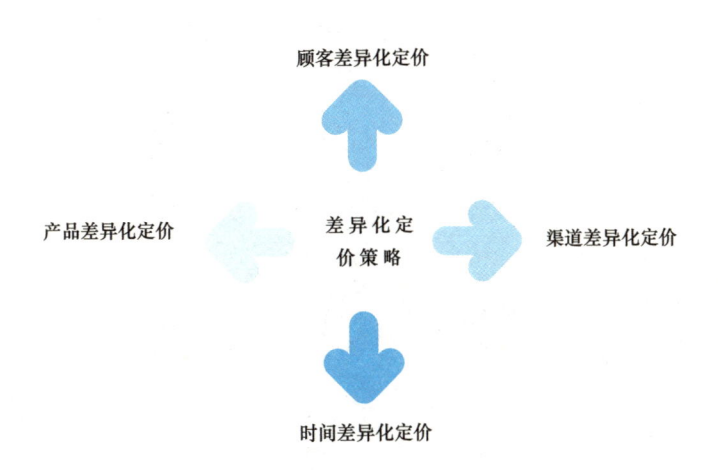

```
                顾客差异化定价
                      ↑
产品差异化定价  ←  差异化定   →  渠道差异化定价
                   价策略
                      ↓
                时间差异化定价
```

顾客差异化定价　服务行业经常会采用这样的策略来实现最大化效益经营。

渠道差异化定价　对于相同产品,当经过的渠道不同时,价格往往也是不同的。

产品差异化定价　产品差异化大致可以分为两类,即同类产品不同品牌和同样产品不同质量。

时间差异化定价　时间具有不可逆转的特殊性,每个人对于时间的要求也不尽相同,因而企业往往利用顾客对时间上的需求差异实现差异化定价。

资料来源:迈克尔·波特. 竞争战略[M]. 北京:华夏出版社,2005.

差异化战略——细分类型

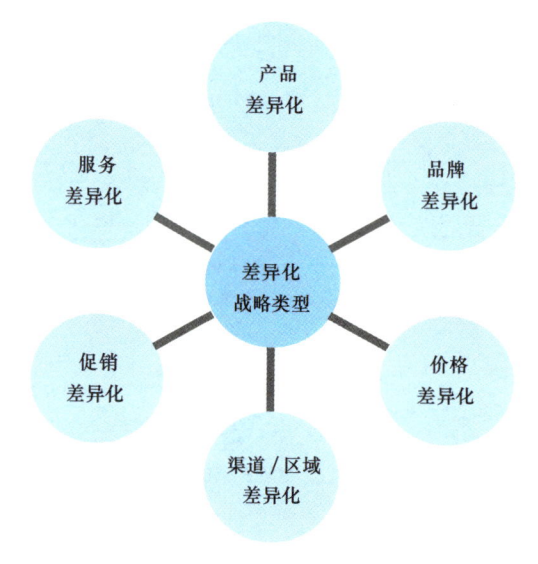

```
         产品差异化
服务差异化      品牌差异化
      差异化战略类型
促销差异化      价格差异化
         渠道/区域差异化
```

产品差异化　　提供与竞争对手不同性能的产品，例如 iPhone 手机。

服务差异化　　在售后服务、配送物流、金融等领域提供差异化价值，例如海尔的服务。

促销差异化　　在促销的"临门一脚"上提供差异化服务，例如舒蕾洗发水的终端促销。

渠道/区域差异化　　在不同于竞争对手的渠道或区域谋求发展，例如传音手机。

价格差异化　　在价格上进行独特定位，彰显与众不同，例如三星的 W 系列手机。

品牌差异化　　品牌上强调独特的情感诉求，实现价值主张的差异化，例如锤子手机。

资料来源：迈克尔·波特. 竞争战略[M]. 北京：华夏出版社，2005.

第 4 章 竞争战略

■ **差异化战略——适用条件：内外部平衡下的效应、适当、有效相统一**

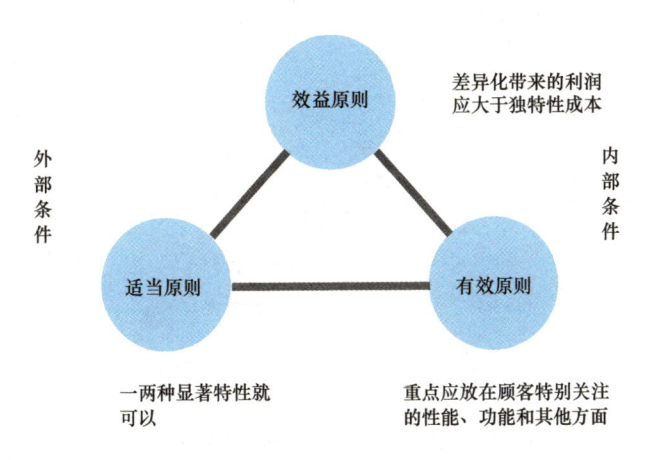

```
                    效益原则
                 差异化带来的利润
                 应大于独特性成本
   外部条件                         内部条件

       适当原则          有效原则

   一两种显著特性就      重点应放在顾客特别关注
   可以               的性能、功能和其他方面
```

外部条件

（1）有很多途径创造与竞争对手之间的差异，且差异被顾客认可。

（2）顾客对产品的需求和使用要求是多种多样的，即顾客需求是有差异的。

（3）采用类似差异化途径的竞争对手很少，能够保证企业是"差异化"的。

（4）技术变革很快，市场上的竞争主要集中在不断地推出新的产品特色。

内部条件

（1）具有很强的研究开发能力，研究人员要有创造性的眼光。

（2）具有以其产品质量或技术领先的声望。

（3）在这一行业有悠久的历史或吸取其他企业的技能并自成一体。

（4）具有很强的市场营销能力。

资料来源：迈克尔·波特. 竞争战略[M]. 北京：华夏出版社，2005.

差异化战略——优点和缺点

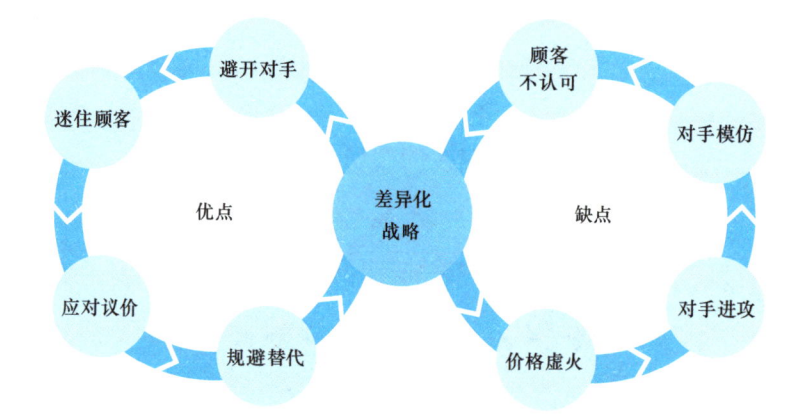

差异化战略的优点

1. 避开对手。

2. 形成顾客忠诚。

3. 对价格的敏感性会下降，给企业产品带来较高溢价。

4. 应对供应商讨价还价。

5. 有利于对付替代产品。

差异化战略的缺点

1. 顾客对差异化的认可程度下降。

2. 顾客对消费者心理价格区间有考量。

3. 成本较高，只重视最终产品而忽视整个价值链。

4. 竞争对手的模仿和进攻使已经建立起来的差异化缩小或转向。

资料来源：迈克尔·波特.竞争战略[M].北京：华夏出版社，2005.

第 4 章 竞争战略

■ 差异化战略——实施途径

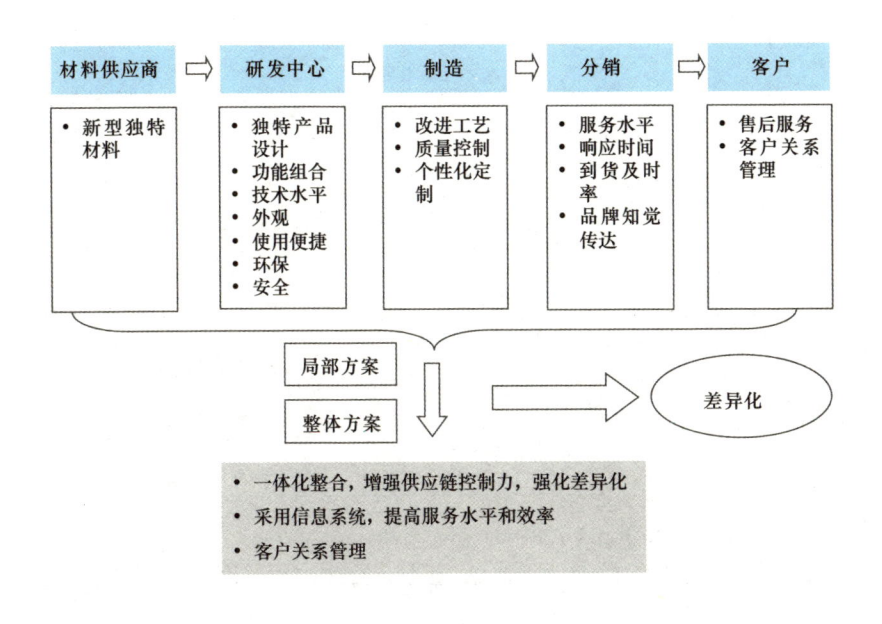

```
材料供应商  →  研发中心  →  制造  →  分销  →  客户
```

- 材料供应商：新型独特材料
- 研发中心：独特产品设计、功能组合、技术水平、外观、使用便捷、环保、安全
- 制造：改进工艺、质量控制、个性化定制
- 分销：服务水平、响应时间、到货及时率、品牌知觉传达
- 客户：售后服务、客户关系管理

局部方案 / 整体方案 → 差异化

- 一体化整合，增强供应链控制力，强化差异化
- 采用信息系统，提高服务水平和效率
- 客户关系管理

差异化战略代表性企业

本田汽车
- 最有个性的产品
- CRV，城市 SUV 开创者
- XRV，紧凑型 SUV

苹果公司
- 最有特色的产品
- Macbook、MacAir、
- MacPro

褚橙
- 最励志的橙子
- 一种传奇人生
- 一个惊艳味觉

资料来源：迈克尔·波特. 竞争战略 [M]. 北京：华夏出版社，2005.

聚焦战略——核心思想和主要类型

差异化程度

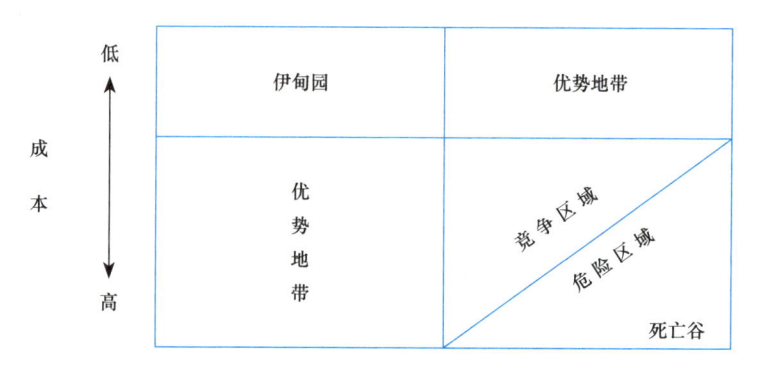

高 ←——→ 低

	高差异化	低差异化
低成本	伊甸园	优势地带
高成本	优势地带	竞争区域 / 危险区域 / 死亡谷

聚焦战略的核心思想

企业业务的专一化，使其能以更高的效率和更好的效果为某一狭窄的细分市场服务，从而超越在较广大范围内竞争的对手。

聚焦战略可以避免大而弱的分散投资局面，容易形成企业的核心竞争力。

聚焦战略与总成本领先和差异化战略的区别

成本领先战略与差异化战略面向全行业，在整个行业的范围内进行活动。

聚焦战略则围绕一个特定的目标进行密集型的生产经营活动。

聚焦战略的主要类型

总成本领先聚焦战略。

差异化聚焦战略。

资料来源：迈克尔·波特. 竞争战略 [M]. 北京：华夏出版社，2005.

第 4 章 竞争战略

■ 聚焦战略——适用条件、优点和缺点

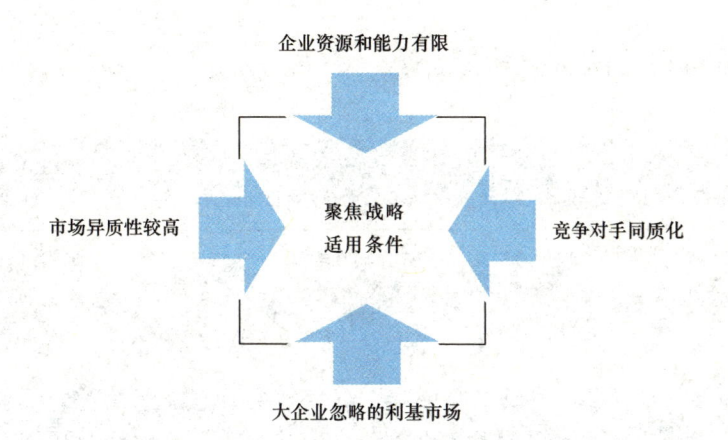

```
        企业资源和能力有限
               ↓
市场异质性较高 →  聚焦战略   ← 竞争对手同质化
                 适用条件
               ↑
        大企业忽略的利基市场
```

聚焦战略的优点

1. 便于集中力量和资源服务某一特定目标,例如口腔医院。
2. 便于在某一特定市场或产品上比竞争者做得更好,例如挪威制造的破冰船。
3. 战略管理过程易控制,便于管理。

聚焦战略的缺点

1. 容易限制市场份额。
2. 企业对环境变化适应能力差。目标市场需求下滑、萎缩或被替代,引发灭顶之灾。
3. 竞争者可能模仿。
4. 新进入者重新细分市场。

资料来源:迈克尔·波特. 竞争战略 [M]. 北京:华夏出版社,2005.

4.3 位次竞争战略

■ 如何制定位次竞争策略?

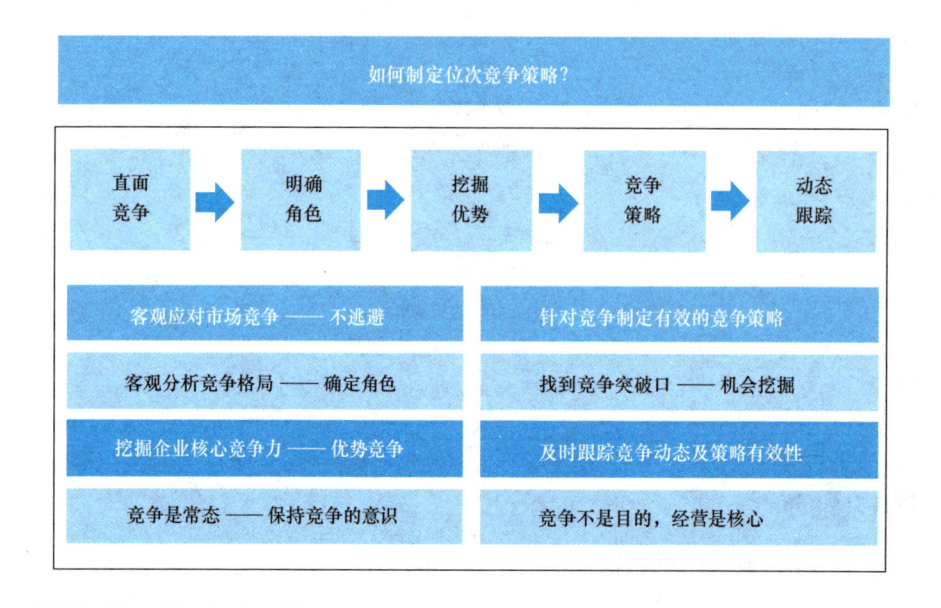

```
如何制定位次竞争策略?
```

直面竞争 → 明确角色 → 挖掘优势 → 竞争策略 → 动态跟踪

客观应对市场竞争——不逃避	针对竞争制定有效的竞争策略
客观分析竞争格局——确定角色	找到竞争突破口——机会挖掘
挖掘企业核心竞争力——优势竞争	及时跟踪竞争动态及策略有效性
竞争是常态——保持竞争的意识	竞争不是目的,经营是核心

竞争胜利的法则　　强胜弱,多胜少,大胜小,快胜慢。

如何制定位次竞争策略?　客观应对市场对竞争——不逃避;

客观分析竞争格局——确定角色;

挖掘企业核心竞争力——优势竞争;

竞争是常态——保持竞争的意识;

针对竞争制定有效的竞争策略;

找到竞争突破口——机会挖掘;

及时跟踪竞争动态及策略有效性;

竞争不是目的,经营是核心。

资料来源:董大海. 战略管理 [M]. 大连:大连理工大学出版社,2006.

第 4 章 竞争战略

■ **竞争位次：市场领导者、市场挑战者、市场跟随者、市场补缺者**

```
              明确竞争角色
   市场领导者  市场挑战者  市场跟随者  市场补缺者

              正确的竞争思维
   争做最好的竞争        突出特色的竞争
   成为第一              提高效益
   注重市场份额          注重实际利润
   以最好的产品服务客户  满足目标客户的多样化需求
   通过模仿而竞争        通过创新而竞争
   没有赢家的角度        多个赢家，多个舞台
```

竞争位次 根据企业在目标市场上所起的领导、挑战、跟随或拾遗补缺的作用，将企业分为市场领导者、市场挑战者、市场跟随者和市场补缺者四种类型。

市场领导者 市场领先者是指相关产品市场占有率最高的企业。市场领导者的地位是在竞争中自然形成的，但不是固定不变的。市场领导者需要注意自身漏洞，及时修补。

市场挑战者 市场挑战者是指在市场上处于次要地位但重要（第二、第三甚至更低的地位）的企业。寻找可能的情境，做好市场领导者无能为力但又能自己大有作为的领域。

市场追随者 市场追随者是指在某一产品或服务市场居次要位置的企业，希望维持其市场份额，平稳发展。

市场补缺者 市场补缺者是指中小企业，利基占领者，主要是寻找市场领导者、市场挑战者和市场跟随者均不重视的业务领域。

资料来源：董大海. 战略管理[M]. 大连：大连理工大学出版社，2006.

市场领导者的进攻策略：发现和扩大市场规模

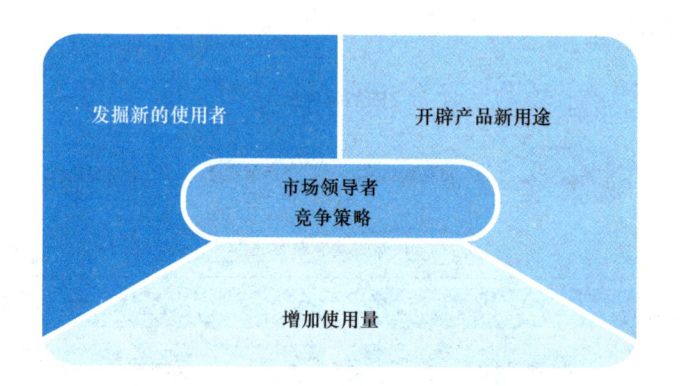

```
           发掘新的使用者    │    开辟产品新用途
                    ┌─────────────────┐
                    │   市场领导者      │
                    │   竞争策略        │
                    └─────────────────┘
                      增加使用量
```

发掘新的使用者　　把现有产品推到新市场；

地理扩张；

应用领域扩张。

开辟产品新用途　　产品向下延伸；

推出新品牌。

增加使用量　　在现有的市场中增加现有产品的销售；

软硬件升级，提高设备损耗率。

典型案例：苹果公司

资料来源：董大海. 战略管理[M]. 大连：大连理工大学出版社，2006

第 4 章 竞争战略

■ **市场领导者的防御策略：六个策略保护现有市场份额**

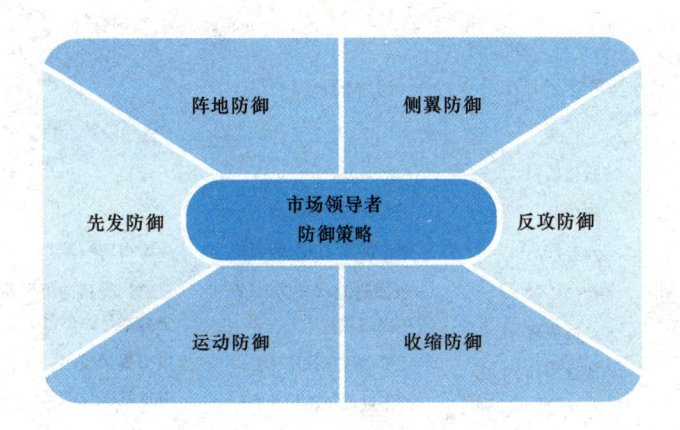

```
        阵地防御            侧翼防御

先发防御      市场领导者          反攻防御
              防御策略

        运动防御            收缩防御
```

阵地防御　　防守现有的阵地或产品。

侧翼防御　　建立某些辅助性的基地，将其作为防御阵地。

先发防御　　在竞争者对自己发动进攻之前，先发制人，抢先攻击。

反攻防御　　迎击对方的正面进攻，切断竞争对手的攻击力量等。

运动防御　　扩展到可作为未来防御和进攻中心的新阵地。

收缩防御　　放弃某些薄弱市场，把力量集中于优势市场。

资料来源：董大海. 战略管理 [M]. 大连：大连理工大学出版社，2006

市场挑战者的进攻策略

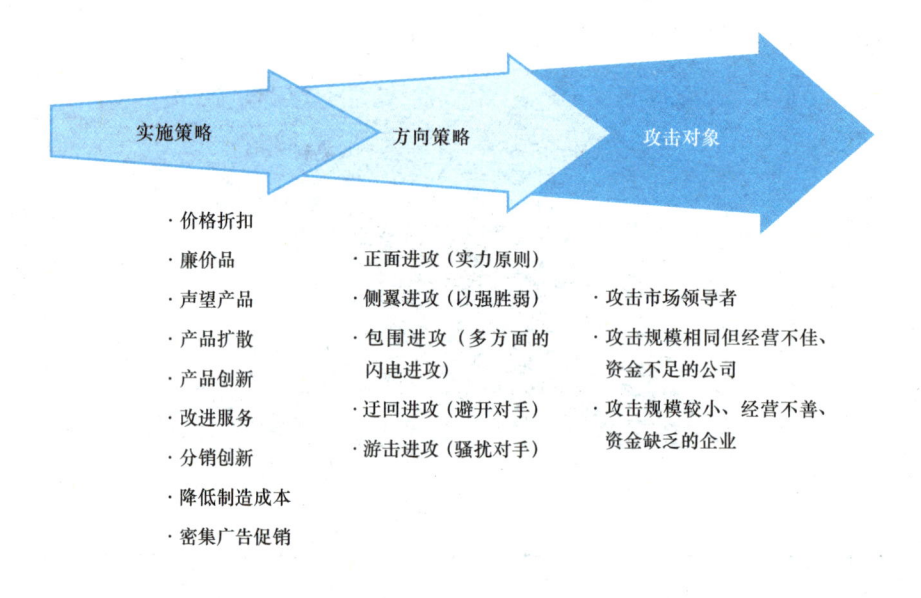

```
实施策略  →  方向策略  →  攻击对象
```

- 价格折扣
- 廉价品
- 声望产品
- 产品扩散
- 产品创新
- 改进服务
- 分销创新
- 降低制造成本
- 密集广告促销

- 正面进攻（实力原则）
- 侧翼进攻（以强胜弱）
- 包围进攻（多方面的闪电进攻）
- 迂回进攻（避开对手）
- 游击进攻（骚扰对手）

- 攻击市场领导者
- 攻击规模相同但经营不佳、资金不足的公司
- 攻击规模较小、经营不善、资金缺乏的企业

正面进攻 选择竞争对手最强部分发动攻击，而非选择弱点加以攻击，如价格竞争、性价比竞争。

侧翼进攻 地理性侧翼进攻，细分性侧翼进攻，领导者未服务的市场。

包围进攻 一种全方位、大规模的进攻战略，挑战者拥有优于对手的资源，并确信围堵计划的完成足以打垮对手时，可采用这种战略。

迂回进攻 完全避开对手的现有阵地而迂回展开进攻，产品多元化、市场多元化，开发新产品。

游击进攻 以小型的、间断性的进攻干扰对手的士气，以占据长久性的立足点。

资料来源：董大海. 战略管理[M]. 大连：大连理工大学出版社，2006

第 4 章　竞争战略

■ 市场追随者的追随战略

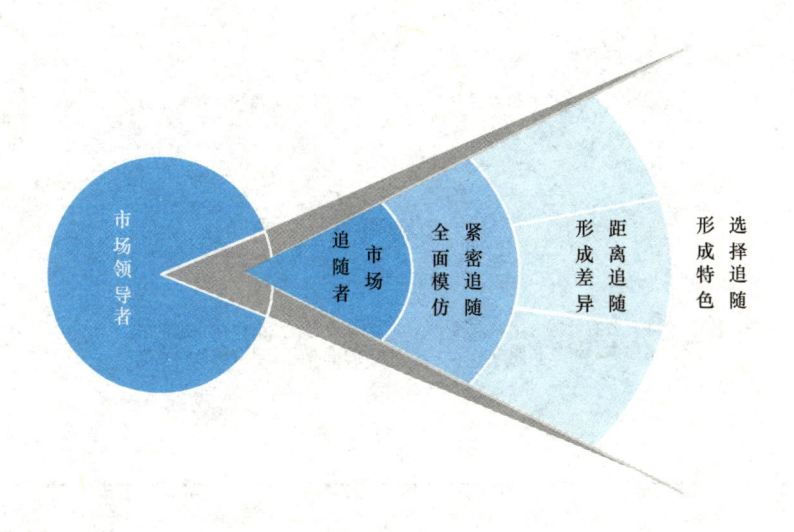

市场领导者 → 市场追随者 — 紧密追随 全面模仿 — 距离追随 形成差异 — 选择追随 形成特色

市场跟随者的目标　不是向市场领导者发动进攻并取而代之,而是跟随在市场领导者之后自觉地维持共处局面。作为市场追随之列的企业,屈居"第二"是实事求是的态度。

紧密跟随、全面模仿　在各个细分市场和市场营销组合方面,尽可能仿效市场领导者,跟随市场领导者获得市场份额。

距离跟随、形成差异　在主要方面(如目标市场、产品创新、价格水平和分销渠道等方面)都追随市场领导者,但仍与市场领导者保持若干差异。

选择跟随、形成特色　根据自身的具体条件,部分地效仿市场领导者,择优追随,发挥自己的独创性,但不进行直接的竞争。

资料来源:董大海.战略管理[M].大连:大连理工大学出版社,2006

市场补缺者的利基战略

```
┌─────────────────────────┬─────────────────────────┐
│ 有足够的市场潜量和购买力 │ 对主要竞争者不具有吸引力 │
│                         │                         │
│           ┌─────────────────────────┐             │
│           │       利基市场          │             │
│           └─────────────────────────┘             │
│ 企业具备有效地为这一市场│ 企业已在顾客中建立起良好│
│ 服务所需的资源和能力    │ 的信誉，足以对抗竞争者  │
└─────────────────────────┴─────────────────────────┘
```

利基战略

专心致力于市场中规模较小且被大企业忽略的某些细分市场，在这些小市场上通过专业化经营来获取最大限度的收益。

最终用户专业化 专门致力于为某类最终用户服务。

顾客规模专业化 专门为某一种规模的客户服务。

特定顾客专业化 只对一个或几个主要客户服务。

地理区域专业化 专为国内外某一地区或地点服务。

客户订单专业化 专门按客户订单生产预订销售的产品。

服务项目专业化 专门提供一种或几种其他企业没有的服务项目。

分销渠道专业化 专门服务于某种分销渠道，如生产适用超级市场的产品。

资料来源：董大海. 战略管理 [M]. 大连：大连理工大学出版社，2006

4.4 结构竞争战略

■ 分散型产业中的企业竞争战略：瓶颈主题

分散产业的特点	企业可选的竞争战略
· 总体进入壁垒不高 · 缺乏规模经济或者经验曲线 · 运输成本很高 · 存货的成本很高，销售波动很大 · 在应对买方或者供应商时，企业毫无规模优势 · 市场需求多元化 · 产品的差异化程度较高 · 政府禁止	特许权加盟 连锁　　水平合并

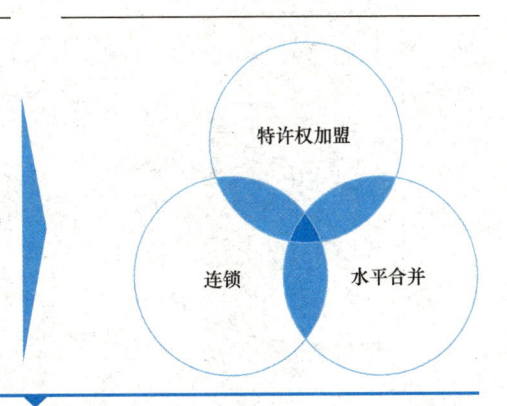

典型的分散型行业

服务业、零售业、分销领域、木材和金属制造业、农产品行业、创意行业。

分散型产业竞争战略——特许权加盟

特许者许可被特许者使用特许者的名称、声誉以及商业技巧。

被特许者的权利是有限的，特许的基础是一种概念和产品品质的信息。

较低的营运成本与风险，一般适用于服务业。

分散型产业竞争战略——连锁

经由全国范围的连锁可以扩大购买能力，以提高与供应商讨价还价能力。

帮助企业建立特定的区域和销售中心，克服了高运输所带来的高成本。

对顾客的需求做出快速反应。

分散型产业竞争战略——水平合作

充分调查目标消费者，了解目标消费者的其他需求，选择其需求范围内的某一个或几个行业的厂商，并组成战略联盟，更好地满足目标消费者的需求。

资料来源：董大海.战略管理[M].大连：大连理工大学出版社，2006

结构竞争战略：不同产业阶段下的竞争战略主题

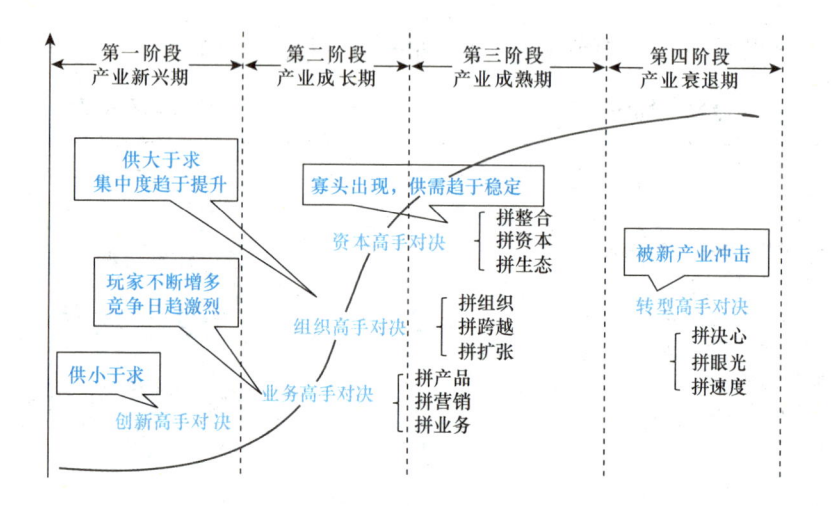

```
         第一阶段      第二阶段      第三阶段      第四阶段
         产业新兴期    产业成长期    产业成熟期    产业衰退期
```

- 供大于求，集中度趋于提升
- 寡头出现，供需趋于稳定
- 资本高手对决 —— 拼整合 / 拼资本 / 拼生态
- 被新产业冲击
- 玩家不断增多，竞争日趋激烈
- 组织高手对决 —— 拼组织 / 拼跨越 / 拼扩张
- 转型高手对决 —— 拼决心 / 拼眼光 / 拼速度
- 供小于求
- 业务高手对决 —— 拼产品 / 拼营销 / 拼业务
- 创新高手对决

产业新兴期	创新高手对决，技术创新是基础，商业模式创新是助推器，是创新效率的竞争。
产业成长期	业务高手对决，拼产品研发、营销激励、业务拓展等业务层面的业务效率的竞争。
产业成长期到成熟期	组织高手对决，拼组织结构变革、跨区域扩张、跨越式增长的组织效率的竞争。
产业成熟期中后期	资本高手对决，拼资源整合、资本运作和商业生态网络竞争，是资本效率的竞争。
产业衰退期	转型高手对决，拼转型决心、转型眼光和转型速度，是转型效率的竞争。

资料来源：北京和君咨询集团

第4章 竞争战略

■ 新兴产业中的企业竞争战略：生存主题

新兴产业的特点

- 产业刚刚起步
- 成长缓慢
- 购买者对其产品并不熟悉
- 企业尚未获得明显规模经济效益
- 良好的销售渠道尚未建立
- 产品价格较高
- 技术上的不确定性
- 企业战略上的不确定性

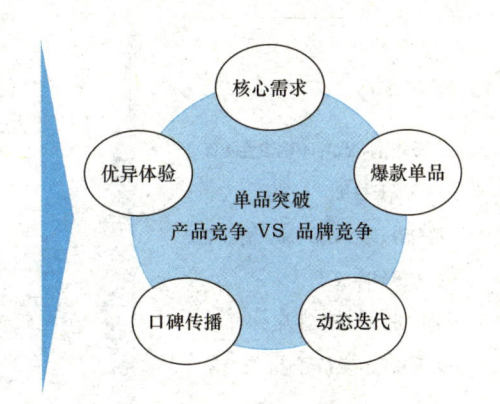

企业可选的竞争战略

核心需求
优异体验　　爆款单品
单品突破
产品竞争 VS 品牌竞争
口碑传播　　动态迭代

核心需求　　客户愿意付费的核心"痛点"。

爆款单品　　由于资源能力有限，都只能集中在少数品类和品项上。
　　　　　　足够强的差异化、足够高的毛利率、足够好的服务。

优异体验　　围绕渠道、促销、服务等提供令客户尖叫的购买和使用体验。

动态迭代　　不断地持续循环，改进产品和服务。

口碑传播　　单品突围不是终点是起点，从"品类扩张战"转入"品牌防御战"。
　　　　　　单品塑造品牌，组合延伸价值，强化品牌价值，使品牌等同于品类。

资料来源：董大海．战略管理 [M]．大连：大连理工大学出版社，2006

成长产业中的企业竞争战略：规模主题

成长产业的特点

- 产业技术和战略不确定性降低
- 产业成长较快
- 消费者日益熟悉产品，需求增强
- 进入障碍降低
- 潜在进入者纷纷进入
- 大型在位企业的警觉、反扑

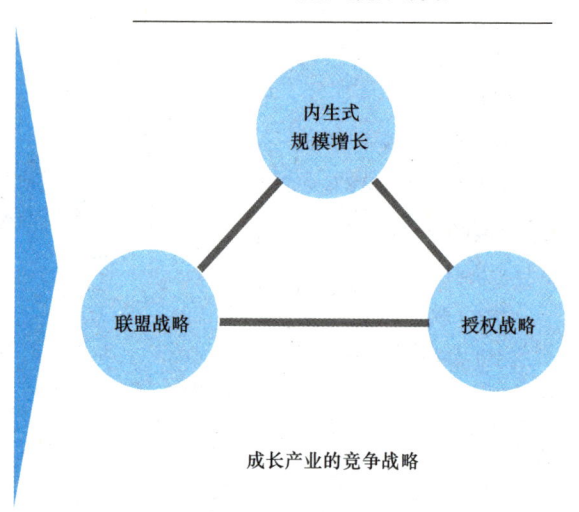

企业可选的竞争战略

- 内生式规模增长
- 联盟战略
- 授权战略

成长产业的竞争战略

内生式规模增长　　建立自己的内部资源、核心能力和市场经验来发展自己。

技术含量较高、进入壁垒高的行业。

强大竞争者的数量不多时。

联盟战略　　两家或多家企业资源共享共同发展。

授权战略　　当创新企业缺乏资源，模仿障碍低，而且周围有许多强大的竞争对手时，授权战略就是非常合适的战略。

资料来源：董大海. 战略管理[M]. 大连：大连理工大学出版社，2006

■ 成熟产业中的企业竞争战略：价格主题

成熟产业的特点	企业可选的竞争战略
·市场规模大，增长率不高 ·技术成熟，产业特点、产业竞争状况及用户特点非常清楚和稳定 ·买方市场形成 ·产业获利能力下降 ·新产品和产品的新用途开发更为困难 ·产业进入壁垒很高	价格领导战略 市场渗透战略 产品发展战略　　非价格领导战略 市场发展战略 产品增值战略 多元化战略

价格领导战略　在成熟产业中建立价格领导地位，提高企业获利能力。

市场渗透战略　通过目前的产品与市场的市场份额增长，以达到企业成长的目的。

产品发展战略　创造新产品并逐步替代现有产品，以保持企业成长态势。

市场发展战略　使现有的产品进入新市场，使产品承担新的使命，以此作为企业成长的方向。

产品增值战略　企业以新产品进入新市场，即企业进入一个新的经营领域。

多元化战略　相关多元化、非相关多元化。

资料来源：董大海．战略管理[M]．大连：大连理工大学出版社，2006

衰退产业中的竞争战略

衰退产业的特点

· 市场增长率下降
· 需求下降
· 生产过剩
· 退出障碍
· 产品品种及竞争者数目减少

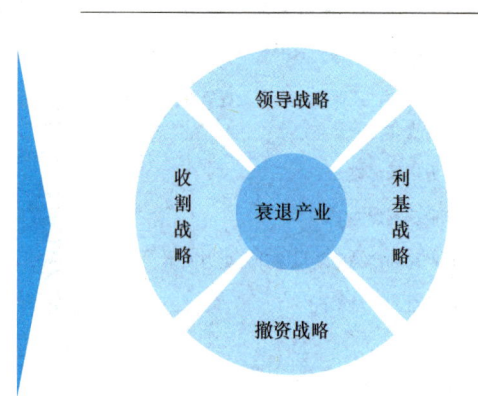

企业可选的竞争战略

- 领导战略
- 利基战略
- 撤资战略
- 收割战略
- （中心：衰退产业）

领导战略　在衰退产业，领导战略以获得退出产业所遗留下来的市场占有率来追求成长。

利基战略　利基战略是指集中在产业中的小区间上的竞争战略。

收割战略　收割战略是指企业努力使得自身的现金流尽可能地得到完善的竞争战略。

撤资战略　撤资战略是指企业尽早将其事业卖掉，可以使其净投资回收率最大的竞争战略。

资料来源：董大海．战略管理[M]．大连：大连理工大学出版社，2006

4.5 竞合战略概述

■ 竞合战略的含义

竞合战略

竞合	竞争中的合作，企业之间为实现共同利益而进行相互协调和联合，它寻求的是双方乃至多方的共同利益。
竞合战略的含义	通过与其他企业合作来获得企业竞争优势或战略价值的战略。
集群成员竞合关系	互动效应：处于价值链上的企业之间的纵向互动；同一节点上企业之间的横向互动。 森林效应：不是抢夺资源，而是共同地使土壤肥沃。 竞合效应：创造顾客及其需求上的合作，瓜分市场份额上的竞争。 知识溢出效应：以信息交流和人员流动等为机制的知识共享。

没有永远的敌人，只有永远的利益；害人之心不可有，防人之心不可无。

竞合战略的类型

	松散型	竞争主导型	合作主导型	竞争对等型
内容	·由企业之间依据自然的依附和协作关系而建立	·为了给新进入者设置壁垒、维持份额或避免价格战而形成的合作	·为拓展新的价值空间、获取更大市场份额,通过优势互补、资源协同而形成的共赢合作形式	·企业之间既高度合作,又高度竞争的合作关系
特征	·形式比较灵活 ·无明确股权和契约关系 ·主要目标是维持战略的灵活性和创造附加价值	·合作关系脆弱 ·为了避免过度竞争而进行的比较被动的合作	·企业间依赖性强 ·管理者之间的相互学习和合作	·某些领域合作,其余领域竞争 ·合作拓宽市场 ·联合制定标准、谈判联盟等

四种战略合作类型的战略目标和特征比较

分析要点 \ 类型	松散型	竞争主导型	合作主导型	竞争对等型
公共收益	*	*	****	***
私有收益	*	****	***	***
保持灵活性	***	*	**	****
增加附加值	****	*	***	**
保护核心能力	**	****	*	***
组织学习	*	***	****	**
依赖程度	*	*	****	***

注:*表示程度或重要性大小;****非常高或非常重要;***高或重要;**一般;*低或不重要。

■ 一种典型的竞合战略——战略联盟

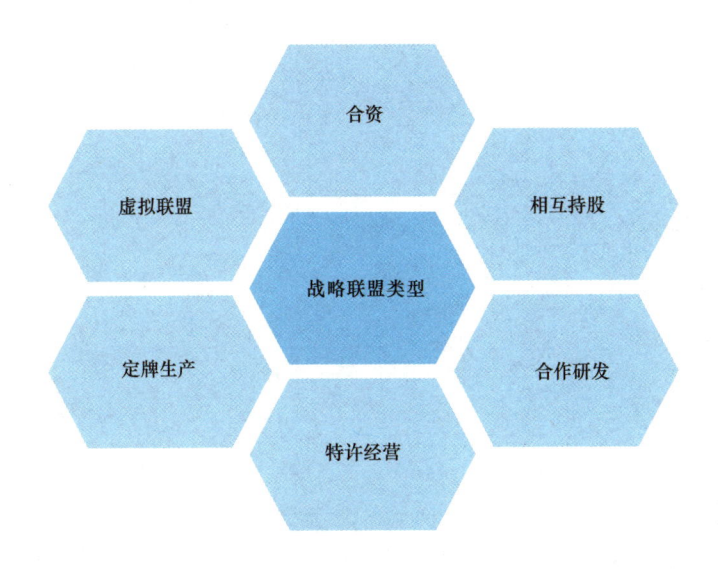

战略联盟类型：合资、相互持股、合作研发、特许经营、定牌生产、虚拟联盟

合资	将各自不同的资产组合在一起，共担风险和共享收益的一种联盟形式。
相互持股	联盟成员之间通过股权参与而建立起一种长期的相互合作的关系。
合作研发	合作各方签订联合开发协议，进行联合开发，开发成果按协议各方共享。
定牌生产	有剩余生产能力一方为有知名品牌但产能紧张的一方提供代工，然后冠以知名的品牌销售。
特许经营	合作各方还可以通过特许（品牌授权）的方式组成战略联盟。
虚拟联盟	对行业法规的塑造、对知识产权的控制以及对产品或技术标准的掌握和控制。

第 5 章

商业模式

5.1 商业模式理论概述

5.2 商业模式表达模型

5.3 商业模式创新概述

5.4 商业模式创新通用步骤

5.5 创业企业商业模式创新

5.6 成熟企业商业模式变革

5.1 商业模式理论概述

■ 商业模式的本质属性：人们对如何经营企业的抽象化理性认识及其表达

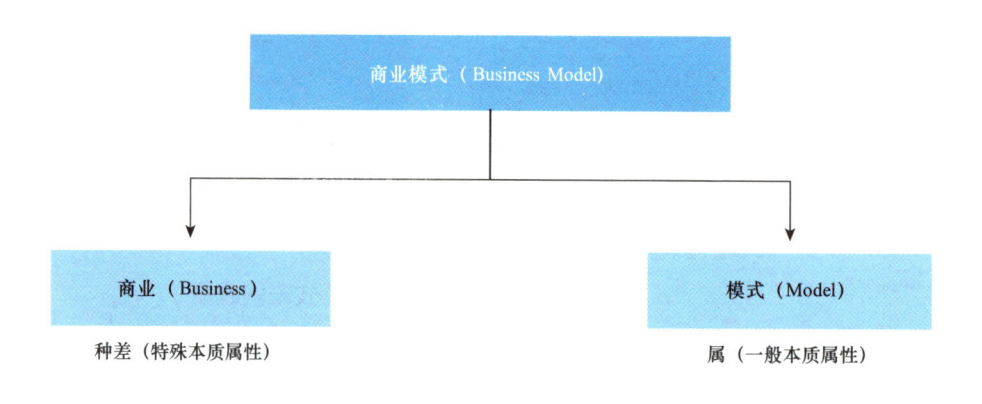

```
              商业模式（Business Model）
                  /            \
        商业（Business）      模式（Model）
       种差（特殊本质属性）    属（一般本质属性）
```

商业 商业是以货币为媒介进行交换，从而实现商品流通的经济活动。

商业的本质是交换，而且是基于人们对价值的认识的等价交换。

模式 模式，又称模型（Model），是对现实世界中某些事物的抽象化表达，即抽取事物的本质特性，忽略事物的次要因素。通过对客观事物的内、外部机制的直观而简洁的描述，向人们提供客观事物的整体内容。

模型既反映事物的原型又不同于原型，是理解、分析、开发或改造事物原型的一种常用手段。

商业模式 模式的表达方式有很多种，例如语言描述、图示、数学模型等。

商业模式就是人们对如何经营企业的抽象化的理性认识及其表达。

资料来源：王雪冬, 董大海. 国外典型商业模式表达模型评介与整合表达模型构建 [J]. 外国经济与管理，2013, 35(4):55-60.

第 5 章 商业模式

■ **商业模式的概念属性：商业模式有形象类比模型（概念化）、功能结构模型（要素化）和因果逻辑模型（模型化）三种表达方式**

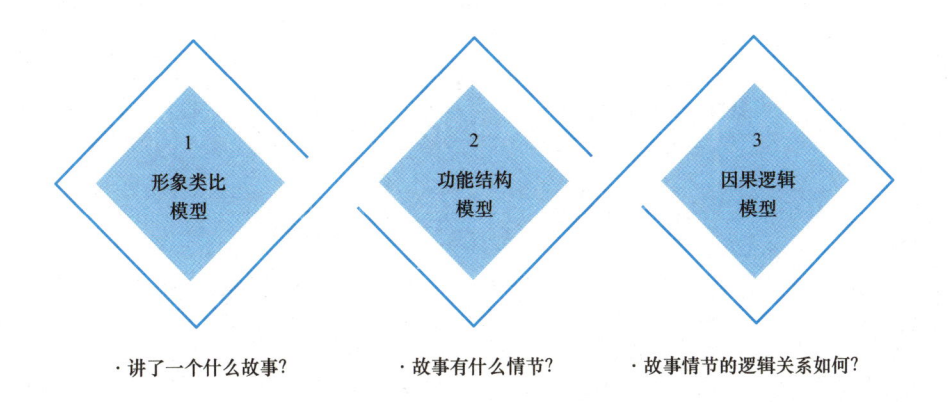

| 1 形象类比模型 | 2 功能结构模型 | 3 因果逻辑模型 |

· 讲了一个什么故事？　　· 故事有什么情节？　　· 故事情节的逻辑关系如何？

形象类比模型　借用类似形象或过程但不是建立在分析现象与机理认识基础上的模型。

用文字来说明：讲了一个什么样的故事？

一听就能听懂，一想想不到尽头！例如麦当劳模式。

功能结构模型　简单列举：商业模式的构成要素有哪些？

故事有什么情节？

因果逻辑模型　在要素化表达的基础上建模，揭示不同要素之间的结构或者逻辑关系。

故事情节的逻辑关系如何？

图解战略与商业模式

■ 商业模式的悖论特性：客观 VS 主观；静态 VS 动态；模块 VS 系统；结构 VS 逻辑

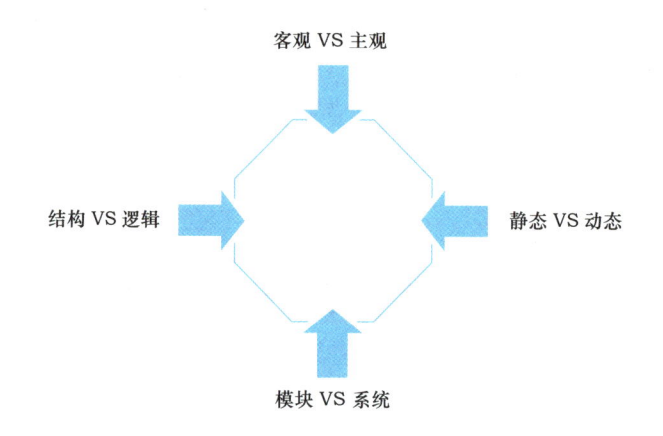

```
                客观 VS 主观
                      ↓
   结构 VS 逻辑 →           ← 静态 VS 动态
                      ↑
                模块 VS 系统
```

客观 VS 主观	在客观上，商业模式反映企业与顾客、供应商、合作伙伴及其他利益相关者，以及企业内部相关单位和部门之间的各种相互依存关系。
	在主观上，商业模式反映了管理层对顾客需求、需求方式、企业如何才能最佳地满足顾客需求，并从中获取收入和利润的假设。
静态 VS 动态	从静态看，商业模式是反映某一时点企业不同核心要素互动状况的快照，能够揭示企业从事的各种价值活动之间的逻辑关系。
	从动态看，商业模式是由不同的静态画面衔接起来的一部电影，各种要素之间乃至要素本身都会发生变化，从而引发商业模式创新或变革。
模块 VS 系统	商业模式是由不同模块构成的，但不同模块需要有机整合才能形成竞争优势。
结构 VS 逻辑	商业模式是由不同要素构成的，但涵盖了企业价值创造与俘获的系统逻辑。

资料来源：王雪冬，董大海. 国外商业模式表达模型评介与整合表达模型构建 [J]. 外国经济与管理，2013，35 (4): 49-61

第 5 章 商业模式

■ **商业模式的多维评价：新颖性、成长性、效率性、营利性等**

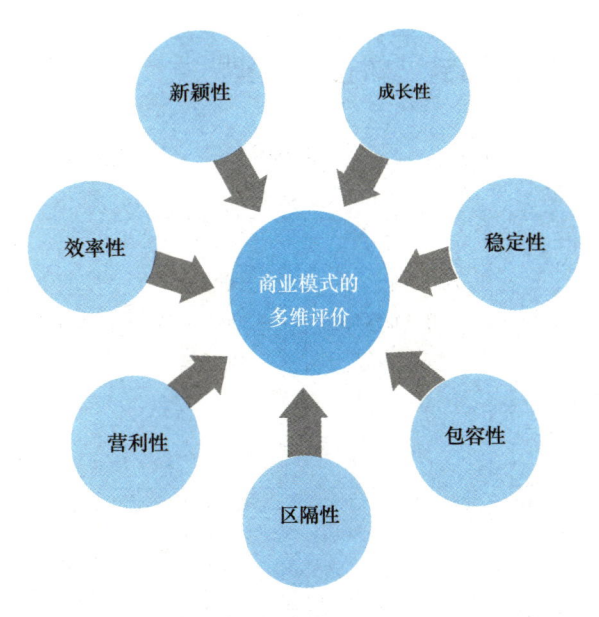

```
            新颖性      成长性

     效率性                  稳定性
                商业模式的
                 多维评价
     营利性                  包容性

               区隔性
```

新颖性 以前所未有的方式解决客户痛点。

成长性 成长空间足够大，成长速度足够快，可复制性强。

效率性 极大地提高内部价值链、外部供应链的运转效率。

营利性 有清晰的收入来源和明确的利润点，近期或远期利润率较高。

稳定性 有强大的客户黏性和生态系统稳定性，用户和合作伙伴的转移成本较高。

区隔性 隔离破坏者，屏蔽模仿者，对关键环节具有掌控力。

包容性 关注与利益相关者的协同关系，利于接纳新成员，创造共享价值。

资料来源：王雪冬，田明昊，匡海波. 初创企业商业模式预评价指标体系构建研究[J]. 科研管理，2018,39(09):159-168.

5.2 商业模式表达模型

■ Hamel 的商业模式"桥接"模型

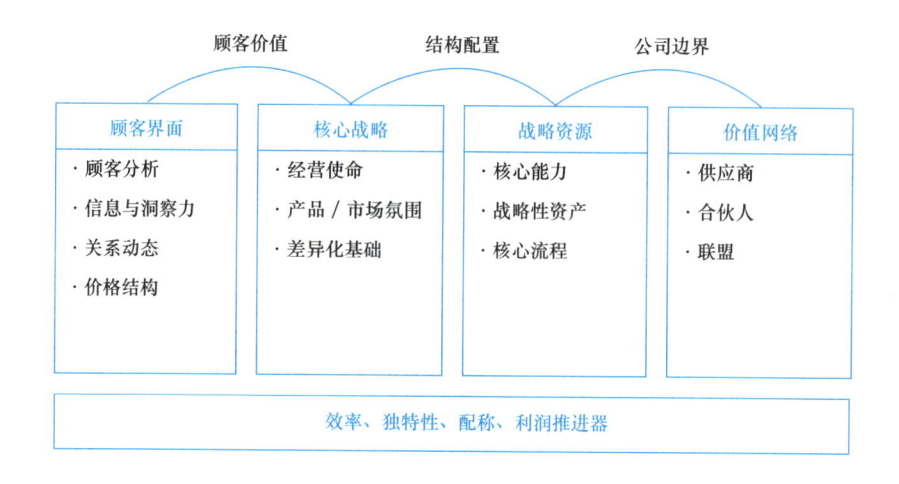

```
        顾客价值        结构配置        公司边界
┌──────────────┐ ┌──────────────┐ ┌──────────────┐ ┌──────────────┐
│   顾客界面    │ │   核心战略    │ │   战略资源    │ │   价值网络    │
│ ·顾客分析     │ │ ·经营使命     │ │ ·核心能力     │ │ ·供应商       │
│ ·信息与洞察力 │ │ ·产品/市场氛围│ │ ·战略性资产   │ │ ·合伙人       │
│ ·关系动态     │ │ ·差异化基础   │ │ ·核心流程     │ │ ·联盟         │
│ ·价格结构     │ │              │ │              │ │              │
└──────────────┘ └──────────────┘ └──────────────┘ └──────────────┘

         效率、独特性、配称、利润推进器
```

商业模式	由顾客界面、核心战略、战略资源、价值网络四大元素及若干子要素构成。
	商业模式需要通过顾客价值、结构配置和公司边界三座桥梁连接,效率、独特性、配称、利润推进器等四个潜力因素支撑。
连接桥梁	顾客价值是指要决定该提供什么以及不该提供什么给顾客。
	结构配置就是企业以独特的方法,结合能力、资产、流程来支撑独特的核心战略。
	公司边界是指什么业务该在公司内部进行,而什么应该外包。
支撑要素	效率(Efficiency)、独特性(Uniqueness)、配称(Fit)、利润推进器(Profit Boosters)等四个因素来支撑其潜在利润。

资料来源:Hamel G. Leading the revolution[M]. Boston:Harvard Business School Press, 2000.

第5章 商业模式

■ Zott 和 Amit 的 "运营系统" 模型

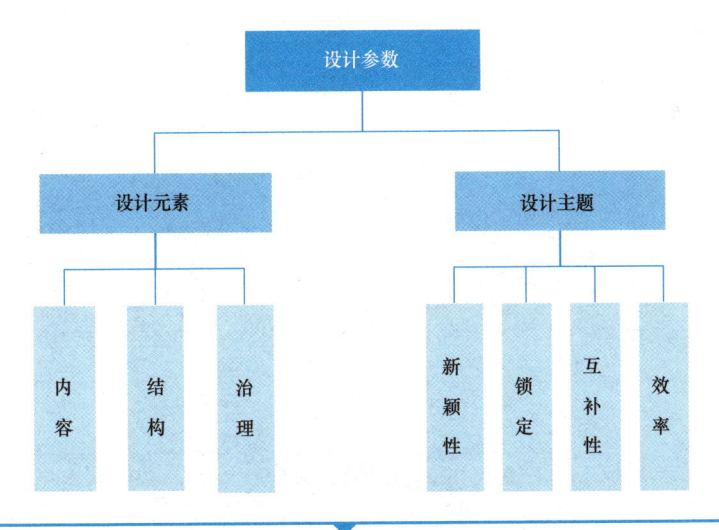

```
            设计参数
           /      \
      设计元素    设计主题
      / | \      / | | \
   内容 结构 治理  新颖性 锁定 互补性 效率
```

商业模式　主要包含"设计元素"和"设计主题"两个参数。

　　设计元素是商业模式运营系统的构成要素，包括内容、结构和治理三个要素。

　　设计主题是商业模式价值创造的驱动力，包括新颖性、锁定、互补性和效率四个主题。

设计元素　内容是指运营系统包括哪些环节。

　　结构描述活动之间的联系以及活动对于业务的重要性。

　　治理则旨在描述不同参与主体之间的关系。

设计主题　新颖性是一种重在采用新内容、改变运营结构或治理的方法。

　　锁定是指设计元素以一种能够提高转换成本或保持第三方作为参与者的结构设计。

　　互补性是指运营活动被捆绑在一起，而不是单独分开进行的一种价值创造表达方式。

　　效率则是指降低成本、提高效率的系统设计主题。

资料来源：Zott C, Amit R. Designing your future business model: An activity system perspective[J]. Long Range Planning, 2010, 43(2-3): 216-226.

Osterwalder 的 BM^{2}L 模型

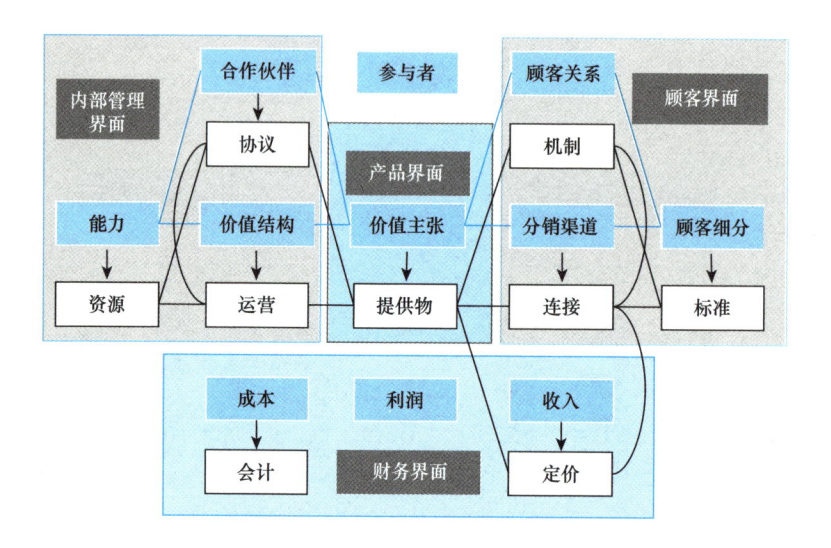

商业模式　企业如何组织和创造价值、传递价值及获取价值的基本原理。

顾客界面　包括顾客细分、分销渠道、顾客关系三个要素。

产品界面　包括价值主张、提供物要素。

财务界面　包括收入、成本、利润三个要素。

内部管理界面　包括能力、价值结构和合作伙伴三个要素。

资料来源：Osterwalder A, et al. Clarifying business models: Origins, present and future of the concept[J]. Business, 2005, 15(5): 1-25.

第 5 章 商业模式

■ Johnson 和 Christensen 的四要素模型

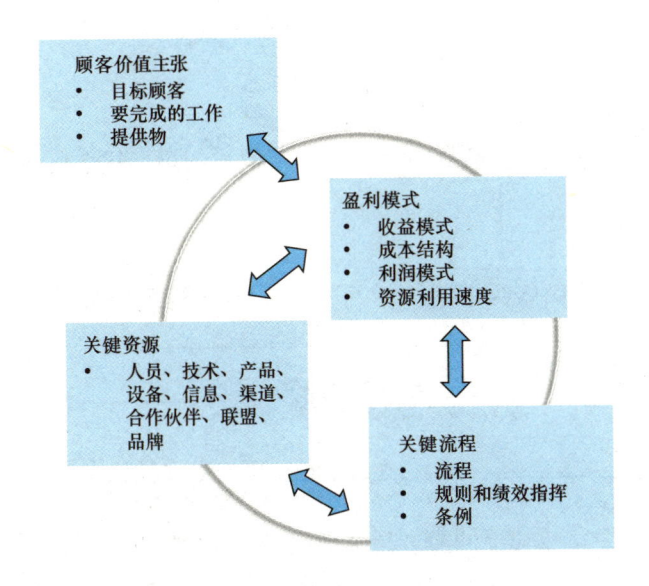

顾客价值主张
- 目标顾客
- 要完成的工作
- 提供物

盈利模式
- 收益模式
- 成本结构
- 利润模式
- 资源利用速度

关键资源
- 人员、技术、产品、设备、信息、渠道、合作伙伴、联盟、品牌

关键流程
- 流程
- 规则和绩效指挥
- 条例

商业模式   由顾客价值主张、盈利模式、关键资源和关键流程四个相互锁定的要素构成。

顾客价值主张   包括目标顾客、要完成的工作和提供物三个子要素，旨在描述企业如何帮助顾客完成重要的任务。

盈利模式   包括收益模式、成本结构、利润模式、资源利用速度四个子要素，旨在描述企业如何为自身创造价值。

关键资源   企业向目标细分市场传递顾客价值主张的必备要素，包括人力资源、技术、产品、服务、渠道和品牌及其互动等。

关键流程   企业成功运营和管理的元素，使企业能重复运营，并增加销售收入。

资料来源：Johnson M W, et al. Reinventing your business model[J]. Harvard Business Review, 2008, 86(11): 50-59.

Demil 和 Lecocq 的 RCOV 模型

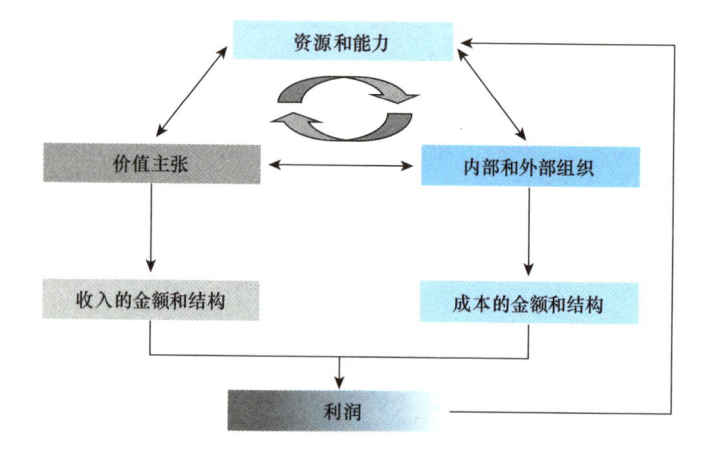

```
           资源和能力
          ↗    ⟲    ↖
         ↙         ↘
    价值主张  ←→  内部和外部组织
        ↓              ↓
    收入的金额和结构   成本的金额和结构
              ↘    ↙
              利润
```

商业模式	该商业模式是企业为实现自己提出的价值主张而设计的业务活动组合之间的勾稽关系，包括资源与能力组合、价值网或企业边界内的业务组织架构、通过提供产品和服务所表达的价值主张三个基本构成要素。
	这三个基本构成要素决定商业模式的成本、收入的容量和结构、模式的边界和可持续性。
商业模式的静态性	商业模式是特定企业的"快照"。作为反映核心要素相关性的蓝图，RCOV 模型展示了这些核心要素在特定时间段内的相互关系。
商业模式的动态性	商业模式的动态演化就源自静态核心要素之间及其内部各构成维度之间的互动。
	不同要素之间的互动会引发新的选择，促使企业提出新的价值主张，创造新的资源组合，或者驱动组织系统演化。最终某一环节的变化会对其他要素及其构成维度产生影响，进而引发有可能动摇整个行业根基的根本性创新——商业模式创新。

资料来源：Demil B, Lecocq X. Business model evolution: In search of dynamic consistency[J]. Long Range Planning, 2010, 43(2-3): 227–246.

第 5 章 商业模式

■ Itami 和 Nishino 的双要素模型

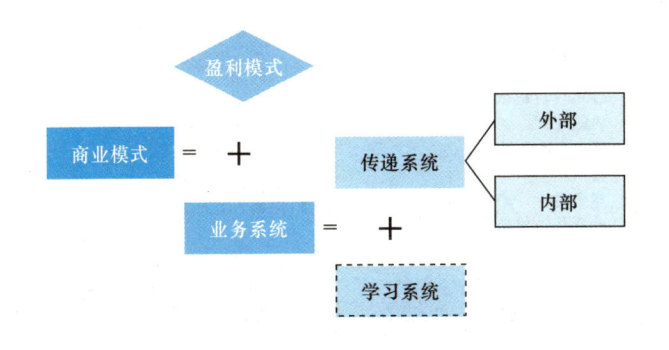

```
                    盈利模式
                       ◇
商业模式 =  +              传递系统 ─┬─ 外部
           业务系统 = +                └─ 内部
                      学习系统
```

商业模式	该商业模式由"营利模式"和"业务系统"两个要素构成。
营利模式	营利模式可反映企业通过既有业务来获取盈利的不同意图。
业务系统	业务系统则由实实在在的传递系统和虚拟学习系统构成，是企业为了向目标顾客传递自己的产品和服务而设计的系统，业务系统有可能超越企业现实的产权边界而扩展到企业外部。
组织学习的重要作用	引入学习系统来反映企业在谋求商业模式创新过程中的主观能动性，为新进入企业超越在位企业指明了奋斗目标。

资料来源：Itami H, Nishino K. Killing two birds with one stone profit for now and learning for the future[J]. Long Range Planning, 2010, 43(2-3):364-369.

Shafer 的"核心逻辑"模型

战略选择
- 顾客（目标市场）
- 机制主张
- 能力/竞争力
- 收入/定价
- 竞争对手、产出、战略、品牌
- 差异化、使命

价值网络
- 供应商
- 顾客信息
- 顾客关系
- 信息流
- 产品/服务流

创造价值
- 资源/资产
- 流程/运营活动

获取价值
- 成本
- 财务方面
- 利润

商业模式　该商业模式体现一种反映企业家关于因果关系基本假设的核心逻辑。在形式上，表现为战略选择、价值网络、价值创造和价值获取四个要素。

商业模式反映企业在顾客、价值主张等方面做出的具有内在一致性的战略选择。

价值创造和价值获取是任何企业必须履行的两个基本职能。

价值创造和价值获取都不是在真空中发生的，而是发生在由供应商、分销渠道、其他参与者以及企业外部的资源联盟构成的价值网络中。

商业模式的主观性　"核心逻辑"强调了商业模式的主观性，而不只是强调商业模式的客观结构。

资料来源：Shafer S M, et al. The power of business models[J]. Business Horizons, 2005, 48(3):199-207.

第 5 章 商业模式

■ Chesbrough 的"启发逻辑"模型

```
技术输入:              商业模式              经济输出:
例如,可行              • 市场                例如,价值、
性、绩效       ↔      • 价值主张      ↔     价格、利润
                      • 价值链
                      • 成本和利润
                      • 价值网
                      • 竞争优势

在技术领域测量                              在经济领域测量
```

商业模式　　该商业模式是将技术与其本身所蕴含的潜在经济价值联系起来的启发逻辑（Heuristic Logic）。

商业模式是将技术的潜在价值转化为顾客价值的一系列流程，包括提出价值主张，辨识细分市场，详述收入产生机制，定义价值链结构、收入获取机制，预估成本结构和盈利潜力，描述企业在连接供应商和顾客之间的价值网络中的定位以及企业创新性地构建和保持竞争优势的竞争策略等部分。

启发逻辑　　作为一种启发逻辑，商业模式可以起到意境地图（Sense-Making Map）的作用，避免成熟企业的信息过滤过程阻碍企业识别与自身既有商业模式具有本质差别的新商业模式。

资料来源：Chesbrough H, et al. Business models for technology in the developing world: the role of non-governmental organizations[J]. California Management Review, 2006, 48(3): 48-61.

图解战略与商业模式

■ 魏巍和朱武祥的六要素模型

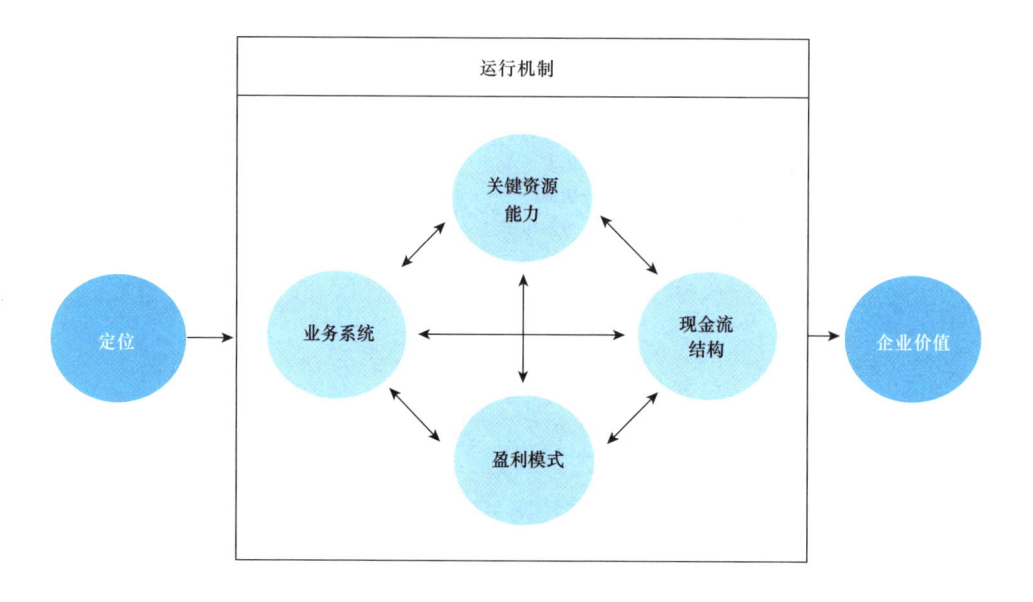

```
运行机制
          关键资源
            能力
              ↕
  定位 → 业务系统 ↔ 现金流结构 → 企业价值
              ↕
            盈利模式
```

商业模式	该商业模式的本质是利益相关者的交易结构，包括定位、业务系统、关键资源能力、盈利模式、现金流结构和企业价值六个方面的内容。
定位	企业满足客户需求的方式。
业务系统	企业选择哪些行为主体作为其内部或外部的利益相关者。
关键资源能力	支撑交易结构运行的重要资源和能力。
盈利模式	以利益相关者划分的收支来源以及相应的收支方式。
现金流结构	以利益相关者划分的企业现金流流入的结构和流出的结构以及相应的现金流的形态。
企业价值	未来净现金流的贴现。对上市公司而言，企业价值直接表现为股票市值。

资料来源：魏巍，朱武祥. 发现商业模式[M]. 北京：机械工业出版社，2009.

第5章 商业模式

■ 商业模式的利益相关者表达模型

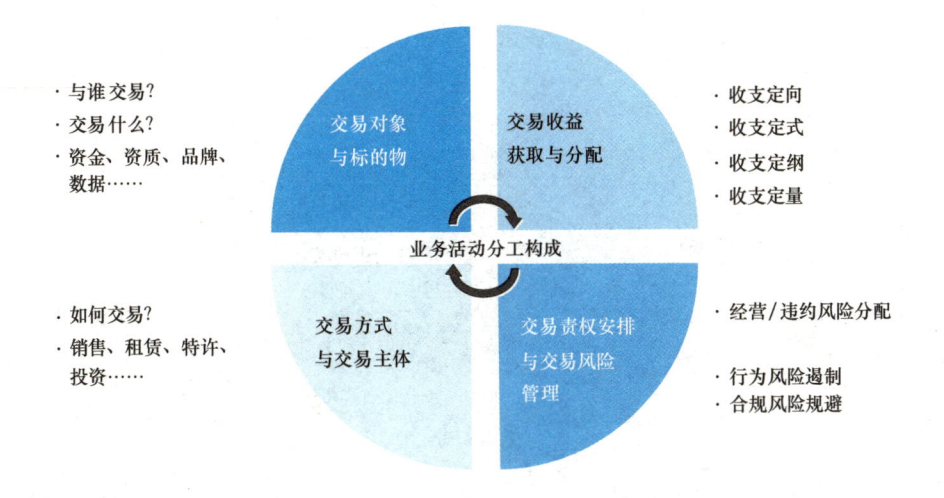

- 与谁交易？
- 交易什么？
- 资金、资质、品牌、数据……

交易对象与标的物

交易收益获取与分配

- 收支定向
- 收支定式
- 收支定纲
- 收支定量

业务活动分工构成

- 如何交易？
- 销售、租赁、特许、投资……

交易方式与交易主体

交易责权安排与交易风险管理

- 经营/违约风险分配
- 行为风险遏制
- 合规风险规避

交易方式	回答一项资源能力在多个已知利益主体之间"如何交易"的问题，由"满足方式、构型、角色、关系、收支方式、收支来源、现金流结构"等七个参数组成。
满足方式	同样的利益相关者、同样的需求，满足方式不同，带来的价值增值也不同。
构型	指利益相关者及其联结方式所形成的网络拓扑结构。例如，单边、多边。
角色	拥有既定资源能力的利益主体，在交易结构中的功能。
关系	利益相关者之间的治理关系，描述"控制权"和"剩余收益索取权"等权利约束在利益相关者之间的配置。
收支方式	企业的收入、成本来自哪些资源能力，或哪些利益主体。
收支来源	按收益性质，可分为固定收益、剩余收益、分成收益；按计价形式，可分为进场费、过路费、停车费、油费、分享费等；按组合方式，可分为产品组合计价、消费群体组合计价、时间组合计价、顾客定价、拍卖等。
现金流结构	同一笔收益，在不同的时间段，收入或支出体现为不同的现金流结构。

资料来源：魏巍，朱武祥. 重构商业模式 [M]. 北京：机械工业出版社，2010。

商业模式的简化处理：价值模式、运营模式、盈利模式

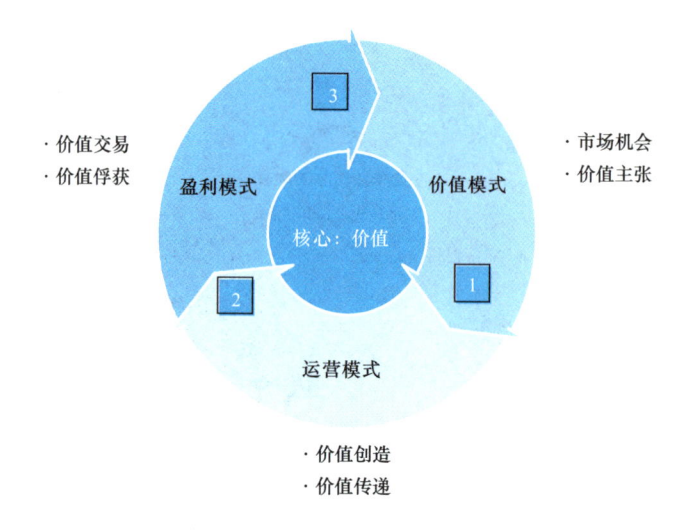

- 价值交易
- 价值俘获

盈利模式

- 市场机会
- 价值主张

价值模式

核心：价值

运营模式

- 价值创造
- 价值传递

价值模式　企业创造价值的方式，涉及市场机会洞察和价值主张设计两个机制。

运营模式　对企业生产经营过程的统筹管理，是指企业内部人、财、物、信息等各要素的结合方式。这是商业模式的核心层面，涉及价值创造和价值传递两种机制。

盈利模式　企业获取利益的模式和渠道，涉及价值交易和价值俘获两种机制。

5.3 商业模式创新概述

企业生命周期视角下的商业模式创新

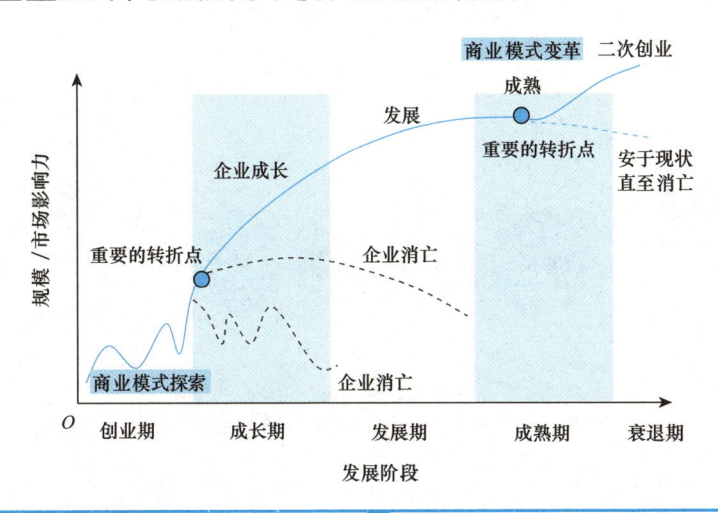

```
规模/市场影响力
                                    商业模式变革   二次创业
                                        成熟
                              发展
                   企业成长              重要的转折点
                                                安于现状
                                                直至消亡
       重要的转折点         企业消亡

                      企业消亡
    商业模式探索
O   创业期    成长期    发展期    成熟期    衰退期
                    发展阶段
```

创业期　设计商业模式

创业型企业最重要的是在创业前一定先设计好商业模式。

成长期　创新商业模式

在这一期间的企业最重要的就是要寻找创新的商业模式,将其作为突破口。

发展期　完善商业模式

对原有的商业模式进行细节和操作层面的完善。

处于发展期的企业,需要固化商业模式,以提高效率。

成熟期　变革商业模式

由于商业模式的稳定性和惯性处于峰值水平,企业处于一种巅峰的稳定运行状态。

适时变革商业模式,转变赛道。

衰退期　放弃商业模式

企业的商业模式已不再适应竞争,或是外部环境发生了非连续性变化。

■ 商业模式创新的必要性：商业模式刚性、惯性特征与外部环境非连续性的矛盾

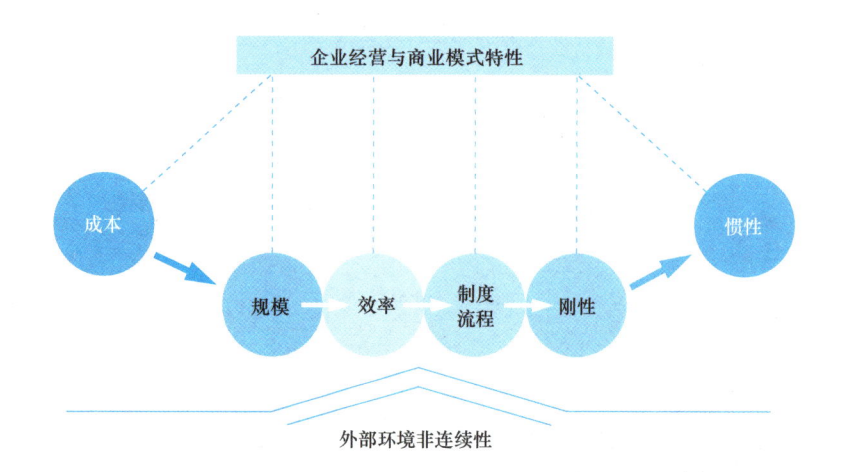

```
                    企业经营与商业模式特性
         ┌─────────────────────────────────────┐
   成本 → 规模 → 效率 → 制度流程 → 刚性 → 惯性
              └──────外部环境非连续性──────┘
```

商业模式刚性、惯性特征	商业模式作为一种客观关系，嵌入在组织的程序、惯例、流程之中。在追求运营效率和规模效益的前提下，企业运营的例行重复，意味着任何一个企业的商业模式都具有趋向稳定、难于改变的天然本质特性。
外部环境非连续性	市场的变化（例如创新、竞争者、规制等）可以迅速使企业外部环境发生突变。
商业模式创新的必要性	商业模式趋于稳定的刚性、惯性时刻面临企业外部环境的非连续性和突变性的威胁。
	许多企业之所以失败，并不是因为其犯了错误或变得平庸，而是因为其过长时间以过去曾经正确的方式开展业务，成为商业模式刚性的牺牲品。

第 5 章 商业模式

■ **商业模式创新的属性：商业模式创新、科学与技术创新是创新的两大方向，商业模式创新是一种创新的类别**

科学与技术创新　　　　　　　　　　商业模式创新

创新

创新　　建立一种新的生产函数，把一种从来没有过的关于生产要素和生产条件的"新组合"引入生产体系。

科学与技术创新　有关自然规律的新发现，包括新科学理论、新产品及新科技。

其关键在于有形的产品或专利。

商业模式创新　通过一种新理念来推动对人们生活或工作有新价值的活动。

商业模式创新的意义不在于新科技、新产品或新服务，而在于创造新价值。

其关键在于，如何帮助人们达成欲望，而不在于产品。

其重点在于，评判的标准是"对人的价值"，而不在于"实物"或"专利"，因此也可以说，没有客观的评价标准。

资料来源：谢德荪. 源创新：转型期的中国企业创新之道 [M]. 北京：五洲传播出版社，2012.

图解战略与商业模式

■ **商业模式创新的种差：商业模式创新，顾名思义，是"商业模式"本身的创新**

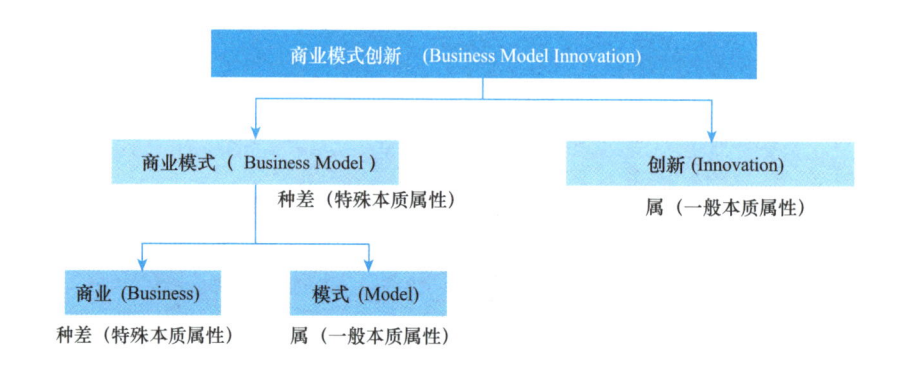

```
                    商业模式创新 （Business Model Innovation）
                           │
              ┌────────────┴────────────┐
              │                         │
      商业模式（Business Model）    创新（Innovation）
        种差（特殊本质属性）          属（一般本质属性）
              │
      ┌───────┴───────┐
      │               │
   商业（Business）  模式（Model）
   种差（特殊本质属性） 属（一般本质属性）
```

商业模式　模式是对现实世界中某些事物的抽象化表达，即抽取事物的本质特性，忽略事物的次要因素。

模型既反映事物的原型，又不同于原型，是理解、分析、开发或改造事物原型的一种常用手段。

商业模式是人们对如何经营企业的抽象化理性认识，将能够反映企业商业行为的一般本质特征的要素提取出来，并运用模型化的表达方式予以表达，就构成了商业模式。

创新　创新是指"创造新的东西"，是把机会转变成新创意，并广泛应用于实践的过程。

创新并不仅仅是产生新的创意，而是如何让创意或发明实现技术化和商业化。创新既包括新技术，也包括新的做事方式。

第 5 章 商业模式

■ **商业模式创新的本质：商业模式创新是一种范式创新，反映了思维模式的变化**

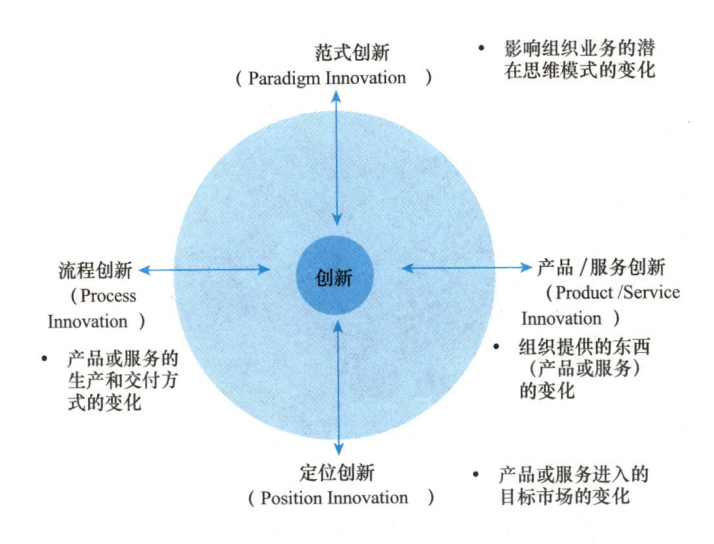

```
                    范式创新              • 影响组织业务的潜
                （Paradigm Innovation）      在思维模式的变化
                         ↑
                         │
  流程创新 ←──────────  创新  ──────────→  产品/服务创新
 （Process                                  （Product/Service
  Innovation）                                Innovation）
                         │
                         ↓
• 产品或服务的                          • 组织提供的东西
  生产和交付方                            （产品或服务）
  式的变化                                的变化

                    定位创新              • 产品或服务进入的
                （Position Innovation）     目标市场的变化
```

蒂德和贝森特（Tidd & Bessant）的观点	商业模式创新是一种范式创新，源于新进入者对问题和游戏规则的重新定义和重构。
蒂斯（Teece）的观点	商业模式应该反映企业有关客户、收入和成本行为、对顾客需求不断变化的本质以及竞争者可能的反应等方面的隐含假设。
莎菲尔（Shafer）的观点	商业模式反映了企业家关于因果关系基本假设的"核心逻辑"，而商业模式创新是这种"核心逻辑"的变化。
切萨布鲁夫（Chesbrough）的观点	商业模式创新是将技术与其本身所蕴含的潜在经济价值联系起来的"启发逻辑"，而商业模式创新是这种"启发逻辑"的变化。
谢德荪（TSE）的观点	商业模式创新是一种范式创新，是企业的核心逻辑、隐含假设的变化，源于对问题的重新定义和对游戏规则的重构。

商业模式创新的五重特征：新颖性、系统性、颠覆性、灵动性、持久性

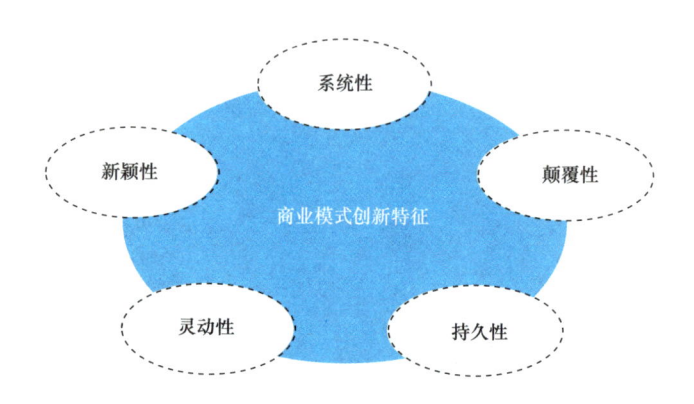

```
        系统性
新颖性           颠覆性
    商业模式创新特征
    灵动性    持久性
```

新颖性	商业模式创新的起点是对顾客需求的深刻洞察，是对顾客和顾客价值主张的重新认识和定义，而不是技术发明。
系统性	商业模式创新是一种系统性创新，是整个经营系统的重新构造。在运营模式、盈利模式、价值模式等多个环节，都有创新，形成了系统性创新。
颠覆性	商业模式创新是一种极具颠覆性的激进式创新，通常会颠覆行业的基本假设和竞争规则，形成新的、发生了较大变化的且领先于同行的商业模式。
灵动性	商业模式创新是一种灵动的无边界创新，业务是为企业服务的，而企业不受制于业务。
持久性	商业模式创新会构建基于生态系统的持久竞争优势。

第 5 章 商业模式

■ 商业模式创新的三大思维：透过规律和本质把握，去全新设计和颠覆该企业原有路径的手法

```
         解构型

      商业模式创新
         思维

   创造型        颠覆型
```

解构型　　发现体系的结构性缺陷，设计针对性解决方案。

找到切入点，用新体系去破坏旧体系。

管理旧体系的撕裂和新体系构建的切换。

创造型　　寻找系统内新的价值。

设计将价值集中在一起的方案。

把利益相关者编组到方案中，推广方案。

颠覆型　　攻击原则，创造规则。

探究规律。

图解战略与商业模式

■ 商业模式创新的三重关系：企业与顾客的关系、企业与企业的关系、顾客与顾客的关系

关系	工业时代	网络时代
企业与顾客	·企业主导下的交易关系 ·单边市场、市场细分	·顾客主权下的价值共创 ·多边市场、价值连接
企业与企业	·零和博弈的竞争关系 ·价值链关键成功要素	·互补合作的竞合关系 ·价值网商业生态系统
顾客与顾客	·信息隔绝的弱联系 ·中心化品牌传播	·信息爆炸的强连接 ·去中心化品牌传播

企业与顾客的关系　工业时代：顾客是商品接受者，是盈利对象；企业决定产品的价值。

网络时代：顾客是价值共创者，是盈利对象，也是盈利资产；顾客决定产品的价值。

企业与企业的关系　工业时代：企业间零和博弈竞争，行业间界限分明，产权边界内占有资源应对竞争。

网络时代：同行间共赢、合作，行业边界日趋模糊，产权边界外控制资源，寻求合作。

顾客与顾客的关系　工业时代：顾客与顾客之间是弱联系，彼此之间的信息沟通有限。

网络时代：顾客是企业经营的起点，也是终点，顾客彼此之间通过网络实现信息透明。

第5章 商业模式

■ **商业模式创新的三种价值：顾客价值、伙伴价值、企业价值**

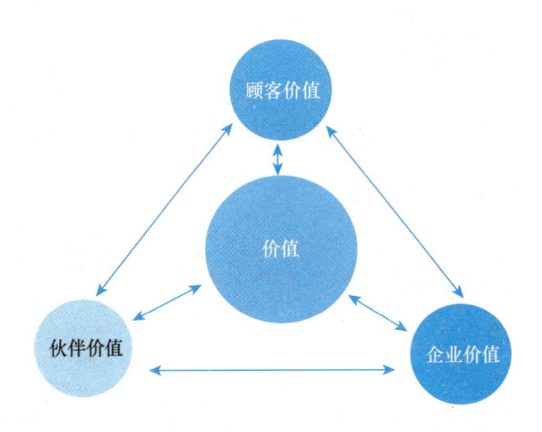

```
        顾客价值
           ↕
          价值
         ↙   ↘
    伙伴价值 ←→ 企业价值
```

价值   商业模式设计必须达成以顾客需求为基本出发点、以价值为核心的基本共识，围绕以顾客为中心的一般价值创造问题展开。

商业模式中的"价值"并不是孤立存在的，而是一个由顾客价值、企业价值、伙伴价值三者共同构成的价值网络。

顾客价值   顾客价值是商业模式价值网络的核心，也是商业模式的根基和出发点，代表了顾客在价值网络中所能获得的利益。

伙伴价值   伙伴是指与企业价值创造活动相关的供应商、合作伙伴和其他利益相关者。伙伴价值代表这些利益相关者在商业模式价值网络中应获得的利益。

企业价值   企业创造顾客价值和伙伴价值的最终目的在于获取企业价值。企业价值直接体现为企业在收入、利润等财务绩效指标上的表现。

5.4 商业模式创新通用步骤

5.4.1 价值模式设计

■ 价值模式设计包括洞察需求、目标市场和价值主张三个顺次递进的环节

- 问题导向法
- 主流顾客
- 边缘顾客
- 产品主导逻辑
- 服务主导逻辑

01 洞察需求
02 目标市场
03 价值主张

价值模式　洞察顾客需求，明确目标市场，提出价值主张

洞察需求　问题导向法
　　　　　　导向是行动的指引和方向，问题导向就是以问题为商业模式创新的指引和方向。

目标市场　主流顾客 VS 边缘顾客

价值主张　产品主导逻辑 VS 服务主导逻辑

第 5 章 商业模式

■ 洞察需求：问题导向法——问题的种类

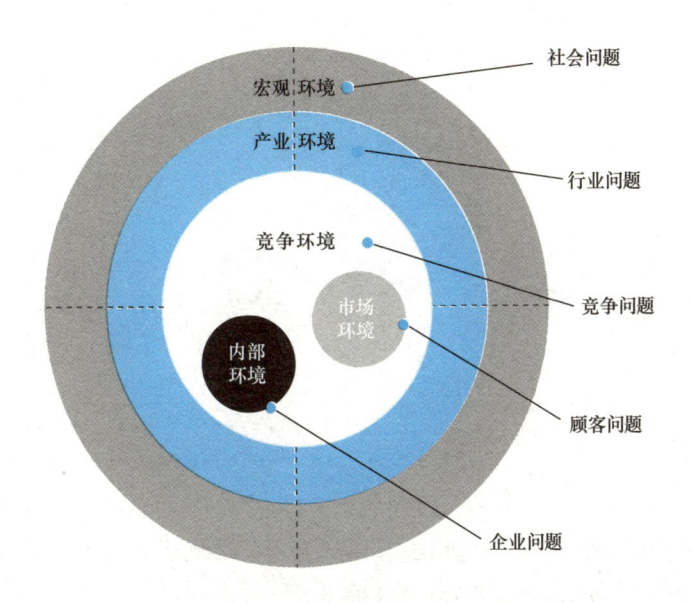

（图：同心圆结构，从外到内依次为 宏观环境→社会问题、产业环境→行业问题、竞争环境→竞争问题、市场环境→顾客问题、内部环境→企业问题）

社会问题　从宏观环境中分析，例如，贫困问题、区域开发、技术伦理等。

行业问题　从产业环境中分析，例如，产业链效率、产业链治理等。

竞争问题　从竞争环境中分析，例如，同质化竞争、无底线竞争、价格战等。

顾客问题　从市场环境中分析，例如，个体顾客遇到的生理、安全、社交、自我实现等。

企业问题　从内部环境中分析，例如，企业自身的现金流平衡、业务长短平衡、资产平衡等。

洞察需求：问题导向法——问题的特点：层次性、范围性、隐蔽性

```
        层次性
           │
      问题的特点
      /        \
   范围性      隐蔽性
```

层次性　对于消费者，马斯洛需求层次模型对应着"问题层次"，生理需求、安全需求、社交需求、尊重需求和自我实现需求。

消费品的核心是琢磨透"人"。

范围性　对于工业品机构客户，问题存在于其价值链诸多环节。

工业品的核心是理解客户的"业务"。

隐蔽性　诸多问题在被发现之前，都被视为"常规""惯例""习俗""传统"等。

把问题想象成一座冰山，真正的问题和原因隐藏在水下看不见的部分。

资料来源：王雪冬．商业模式创新中顾客价值发现过程研究[D]．大连：大连理工大学，2015．

目标市场：主流顾客 VS 边缘顾客

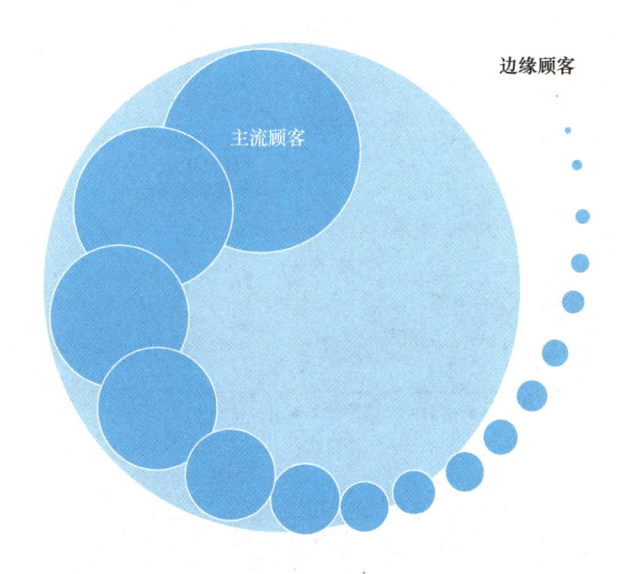

主流顾客
处于企业当前业务核心；
具有共性且与企业当前资源和能力相匹配的需求；
现有顾客群体中的重点顾客。

边缘顾客
非当前业务焦点；
处于组织当前主营业务领域外围；
具有差异化且迥异于行业惯常假设需求；
有极大潜力的顾客。

边缘顾客的特殊性
从边缘顾客出发，会引发边缘破局，不仅不会引起行业领导者的重视，还会颠覆主流顾客市场。

资料来源：王雪冬.商业模式创新中顾客价值发现过程研究[D].大连：大连理工大学，2015.

图解战略与商业模式

■ 价值主张：产品主导逻辑 VS 服务主导逻辑

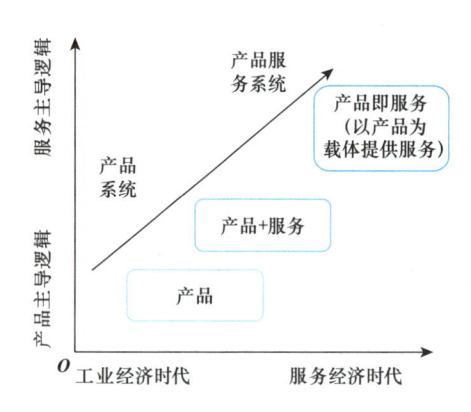

（图：纵轴为"服务主导逻辑—产品主导逻辑"，横轴为"工业经济时代—服务经济时代"。沿对角线从低到高依次为：产品、产品+服务、产品系统、产品服务系统、产品即服务（以产品为载体提供服务））

产品主导逻辑　人们交换商品，将商品作为对象性资源；

　　　　　　　　商品是对象性资源和最终产品；

　　　　　　　　顾客是商品的接受者；

　　　　　　　　顾客是对象性资源，是交易的对象；

　　　　　　　　财富通过剩余有形资源和商品获得。

服务主导逻辑　人们交换是为了获取特定能力的利益或服务；

　　　　　　　　商品是操作性资源的传递者（嵌入知识）；

　　　　　　　　顾客是服务的共同创造者；

　　　　　　　　顾客是操作性资源，是关系交易和协同生产的积极参与者；

　　　　　　　　财富通过专业知识和技能的应用、交换获得。

资料来源：Vargo S L, Lusch R F. Evolving to a new dominant logic for marketing [J]. Journal of Marketing, 2004, 68(1): 1-17.

■ 价值主张的特点：表述清晰、引起共鸣、新颖独特

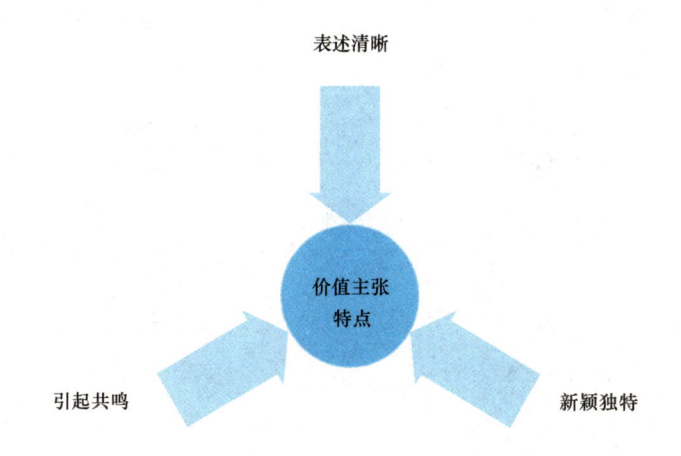

```
              表述清晰
                 ↓
            ┌─────────┐
            │ 价值主张 │
            │  特点   │
            └─────────┘
           ↙           ↘
      引起共鸣         新颖独特
```

切萨布鲁夫（Chesbrough）和罗森布鲁姆（Rosenbloom）的观点

价值主张是对顾客的问题、企业拟提供的解决方案和价值的一种描述。价值主张描述了一个企业的提供物区别于竞争对手的差异化之处，解释了顾客从企业购买的原因。

约翰逊（Johnson）和克里斯坦森（Christensen）的观点

价值主张旨在描述企业如何帮助顾客完成重要的任务，它包括目标顾客、要完成的任务（解决某个重要问题或满足目标顾客的某项重要需求）、提供物（解决问题或满足需求的某种产品或某项服务）三个要素。

巴尼斯（Barnes）等的观点

价值主张是对组织或个人从企业所提供的产品/服务中获取的体验的量化价值的清晰表达。

价值主张包括能力（企业可以为顾客做些什么？）、影响（企业的提供物是如何解决顾客问题的？）、成本（顾客需要为这种特权支付什么样的成本？）三个要素。

资料来源：王雪冬，等．价值主张：概念解析与未来展望[J]．当代经济与管理，2014，36(1)：13-19．

图解战略与商业模式

■ 价值主张画布

价值图　　　　　　　　　用户概要

收益创造方案

产品&服务　　　　　契合　　　用户收益　　用户工作

痛点缓解方案　　　　　　　　用户痛点

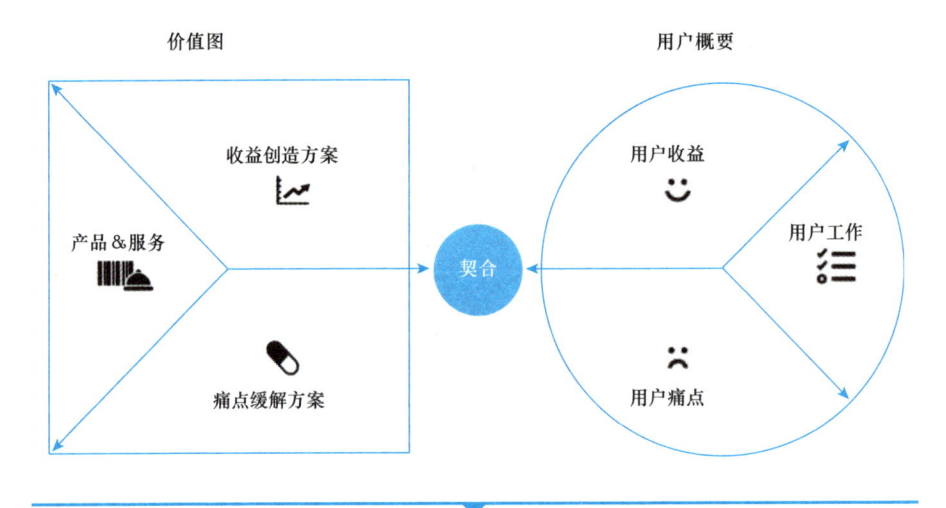

价值主张画布

　　价值主张画布有两面，价值图描述如何为用户创造价值，用户概要描述对用户的理解。当用户的价值与产品价值匹配时，可构成闭环，创造经济价值。

价值图有三个部分：产品&服务、痛点缓解方案、收益创造方案。

　　产品/服务是指企业拟提供的有形产品或无形服务

　　痛点缓解方案即描述产品如何减轻或解决用户的痛点。

　　收益创造方案即描述产品如何为用户创造收益。

用户概要有三个部分：用户工作、用户痛点、用户收益。

　　用户工作包括功能性工作（要做某个具体的事情）、社会工作（想要呈现出某种社会状态）、情感工作（要表达某种情感诉求）。

　　用户痛点包括功能痛点（完不成的某种工作）、社会痛点（社会层面的某种问题）、情感痛点（无法满足或极力避免的情感）。

　　用户收益包括必要的收益（最低必要报酬）、期望收益（根据概率预测的收益）、渴望的收益、意外收益（超出期望的惊喜）。

资料来源：Osterwalder A. Value Proposition Design: How to Create Products and Services Customers Want[M]. Hoboken: Wiley, 2014.

5.4.2 运营模式设计

■ 运营模式设计的关键：资源内生假设 or 资源外生假设

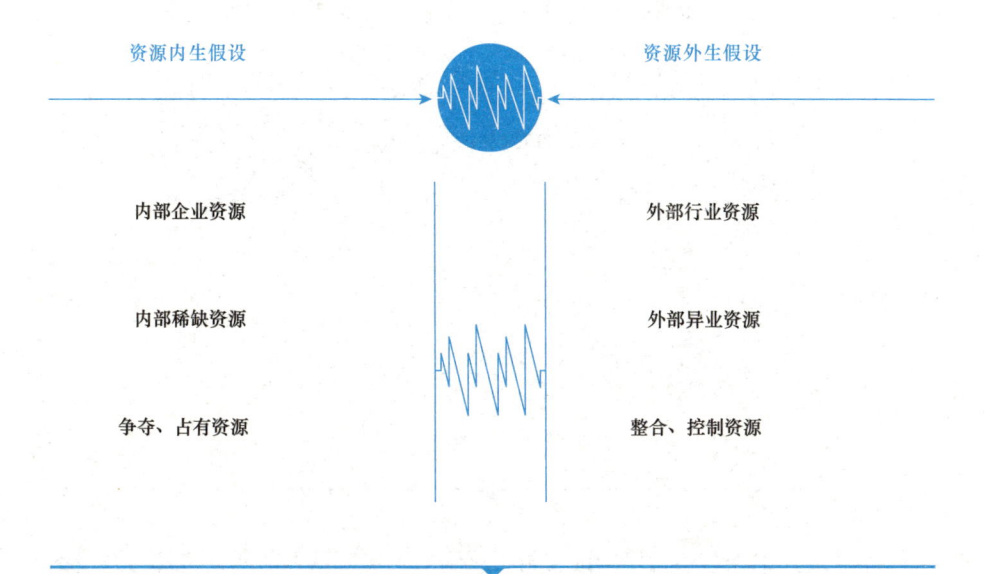

资源内生假设	资源外生假设
内部企业资源	外部行业资源
内部稀缺资源	外部异业资源
争夺、占有资源	整合、控制资源

资源内生假设　企业内部的资源与能力是有限的；

以企业自身产权边界为界限；

在企业产权边界内部控制资源。

资源外生假设　任何一个企业的资源和能力相对于整个行业而言都是有限的，相比单个企业有限的资源和能力，整个行业的资源则是相对丰裕的；

一种跨越企业产权边界、认为企业外部资源是相对丰裕的，并将资源着眼点放在外部同行业或其他行业资源上的资源假设方式；

在企业产权边界外部整合资源、控制资源，而不是占有资源。

运营模式画布

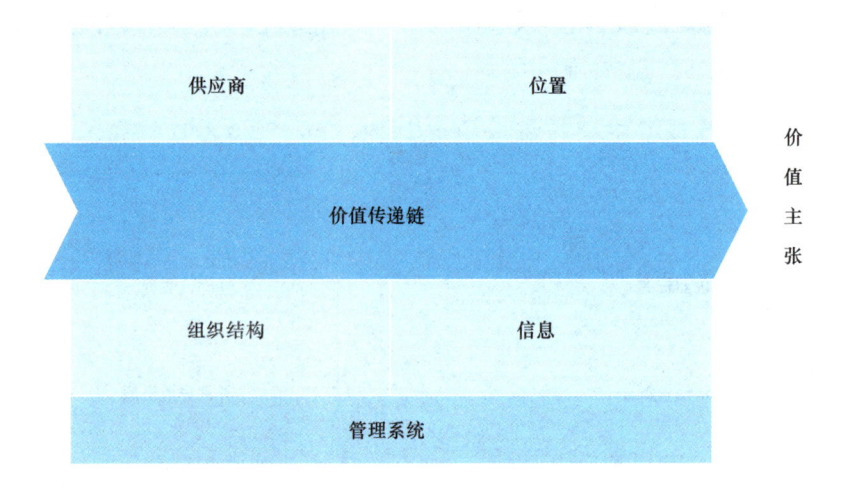

```
供应商              位置
         价值传递链                  价值主张
组织结构             信息
         管理系统
```

运营模式画布包括六个组成部分，它的目标是捕获有关如何设计可为目标客户或受益人提供价值主张的运营和组织的想法，它有助于将策略转化为有关活动和组织的选择。

价值传递链　实现价值主张或服务主张所需要完成的工作。

组织结构　负责工作的人员以及组织方式。

位置　工作完成的位置以及这些位置需要的建筑物和资产。

信息　支持工作的信息系统。

供应商　哪些组织为工作提供投入以及与这些组织之间存在什么样的关系。

管理系统　运营组织所需的计划、预算、绩效管理、风险管理、持续改进和人员管理流程。

运营模式画布中的核心概念是价值传递链的概念，包括定义组织要提供的一个或多个价值主张，以及每个价值主张的价值链。

第5章 商业模式

■ **构筑企业生态体系，立足开放式生态下思考企业业务、体制、组织和资源**

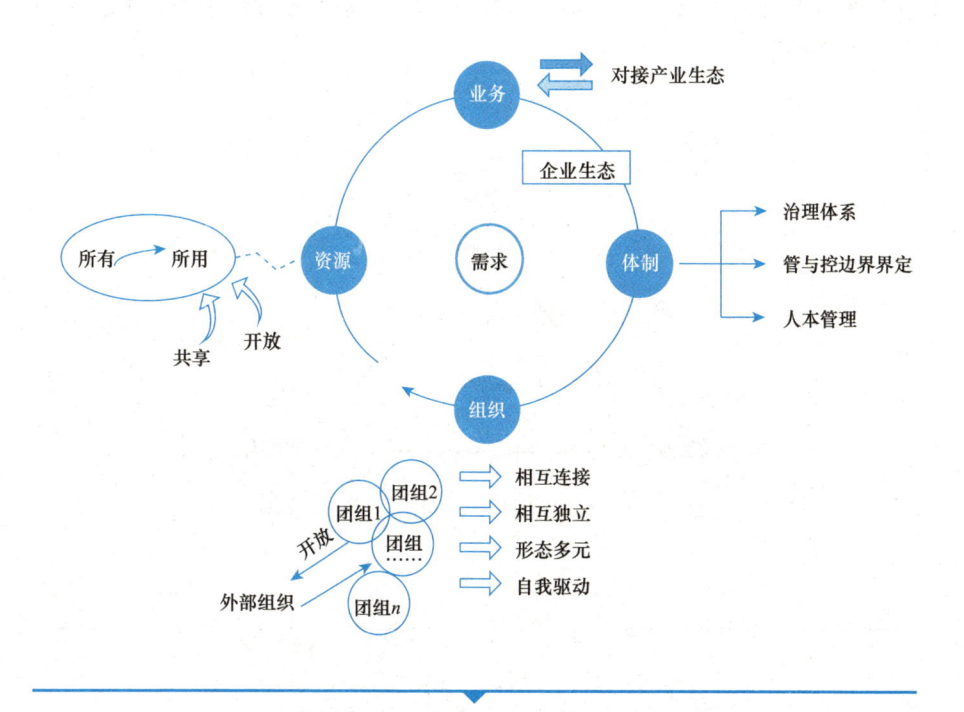

```
                        业务  ⇄ 对接产业生态
                      ╱        ╲
                            企业生态
                                      → 治理体系
所有 → 所用    资源    需求    体制  → 管与控边界界定
   ↑  ↑                                → 人本管理
  共享 开放   ╲        ╱
                        组织
                      
         团组2      ⇒ 相互连接
    团组1  团组…    ⇒ 相互独立
        开放        ⇒ 形态多元
    外部组织 团组n   ⇒ 自我驱动
```

业务　原有业务影响深远，用传统延伸逻辑去思考新业务是走不通的。如何在价值链重构下，对接产业生态，培育新的业务模式？

体制　不同企业面临的体制问题不尽相同，未来体制对行业的影响还将持续释放。如何建立科学的治理体系？管控的边界如何界定？

组织　组织如何实现团组化运作，打通与外部的联系，真正做到相互连接、相互独立、形态多元和自我驱动？

资源　行业人才流失现象在加剧，如何将企业的人才转换为行业的人才？如何建立开放型资源平台，发挥人力资本价值，真正做到共建共享？

5.4.3 盈利模式设计

■ 盈利模式设计：利润来源创新、收入来源创新、成本结构破坏

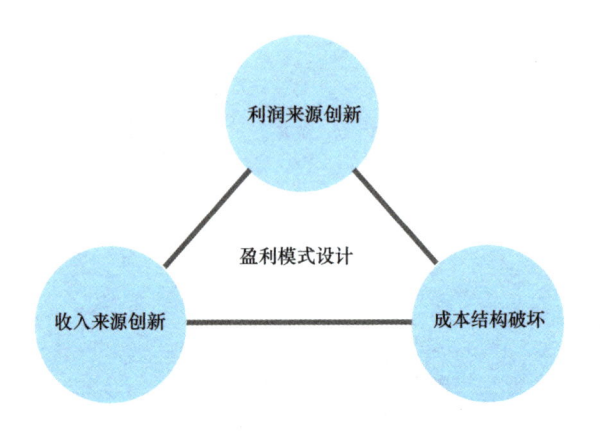

```
           利润来源创新
              /\
             /  \
            /    \
       盈利模式设计
          /        \
   收入来源创新 —— 成本结构破坏
```

利润来源创新 利润对象、利润点、利润杠杆、利润瓶颈。

收入来源创新 改变计费的计量单位、改变计费的计量主体、改变收费的竞价方式、改变计费的时空界限。

成本结构破坏 长期短期成本结构破坏、融资结构破坏、交易结构破坏。

第 5 章 商业模式

■ **利润来源创新：四种典型的利润对象方面的创新**

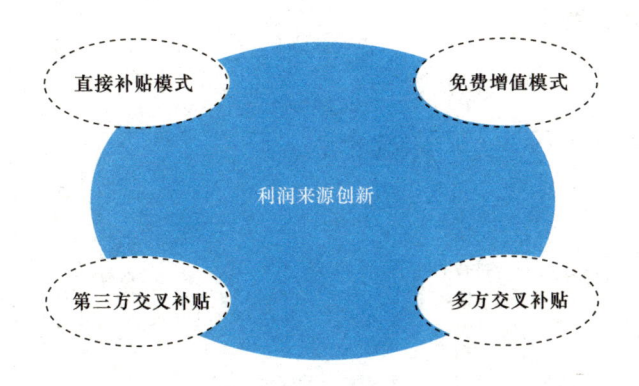

```
        直接补贴模式              免费增值模式

                  利润来源创新

        第三方交叉补贴            多方交叉补贴
```

直接补贴模式　部分商品／服务免费，其他商品／服务收费。

免费增值模式　基础产品／服务免费，增值产品／服务收费；部分顾客免费，其余顾客收费。

第三方交叉补贴　直接群体免费享受产品／服务，第三方付费。

多方交叉补贴　多个不同维度、上述多种方式的集合。

图解战略与商业模式

■ **直接补贴模式**：起初以不高的价格或者免费提供有吸引力的商品，且该商品还将进一步鼓励对相关产品或服务的持续消费

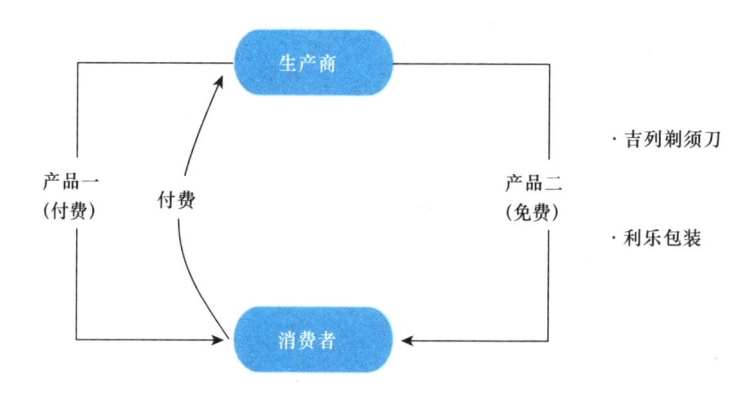

```
        生产商
   ↗           ↘
产品一           产品二
(付费)  付费    (免费)
   ↖           ↙
        消费者
```

· 吉列剃须刀

· 利乐包装

直接补贴模式的要点

关键在于所提供的或低价或免费的初始商品是否紧密连接后续商品。

特点是初始提供的产品与后续提供的产品或服务之间的紧密连接或"锁定"。

初始的一次性购买创造了极小的收益或零收益，但为后续的高收益产品或服务的重复购买创造了可能。

付费产品补贴优惠产品

为销售一种或一些产品，以低于其成本的价格出售或直接以赠品的形式送给消费者。

日后付费补贴当前免费

消费者得到低价甚至免费的商品，但在以后相当长的时间内必须为其买单。商家使用这种补贴形式，让追求一个时间点的盈利延伸到了一个时间段。

付费群体补贴优惠群体

对某些符合一定条件的群体实行优惠政策，而其他人则为优惠群体提供交叉补贴。

第 5 章 商业模式

■ **免费增值模式**：面向全体消费者的基础产品/服务是免费的，面向部分消费者的增值产品/服务是收费的。增值服务是可选项，而非必选项

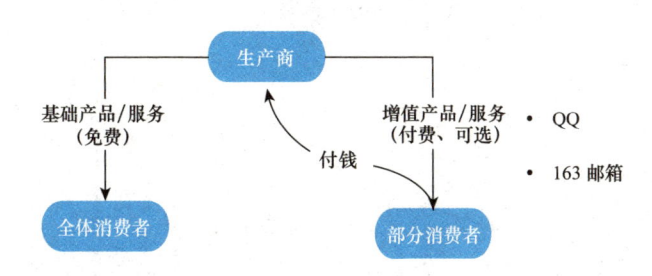

```
                    生产商
        ┌─────────────┴─────────────┐
   基础产品/服务              增值产品/服务
      （免费）                （付费、可选）       • QQ
        │           付钱           │            • 163 邮箱
        ▼                          ▼
    全体消费者                  部分消费者
```

基于网络将免费的基础服务与付费增值服务结合

大量用户从免费的、无附加条件的服务中获益。大多数人永远也不会变成付费用户，只有其中的一小部分，通常不到全部用户的 10%，会为增值服务付费。

小部分付费用户补贴了免费用户

原因在于向免费用户提供的服务的边际成本很低。（边际成本表示当产量增加 1 个单位时，总成本的增加量）

在一个免费增值模式中，有两个关键的数字需要关注：免费用户的平均服务成本及免费用户向增值（付费）用户的转化率。

第三方交叉补贴：羊毛出在狗身上，猪来买单

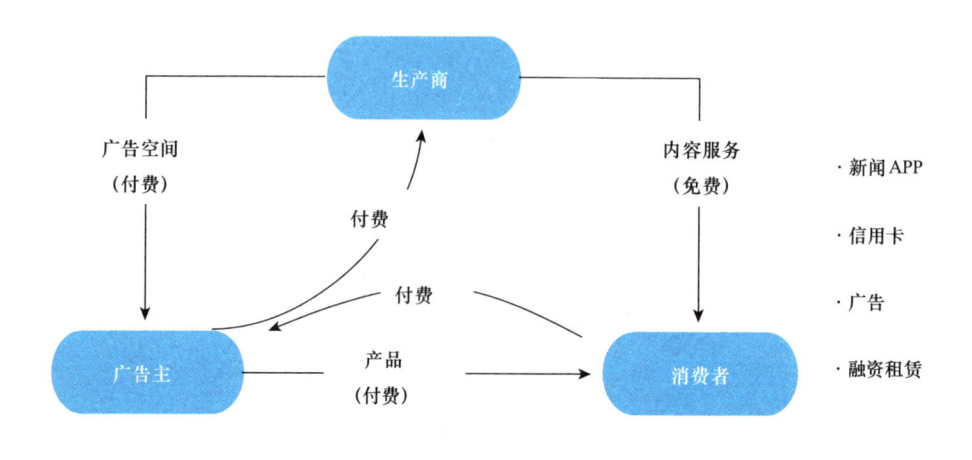

```
                         生产商
              ┌───────────┴───────────┐
         广告空间                    内容服务
         （付费）                    （免费）           · 新闻APP
            │         付费                              · 信用卡
            │      ↗                                    · 广告
            ↓    付费                                   · 融资租赁
         广告主 ─────产品────→ 消费者
                  （付费）
```

第三方交叉补贴

A 向 B 提供服务，却由 C 来买单。如果一方利益相关者不能让你盈利，那就引入另一方，甚至用另一方补贴你，从而让资金在商业模式的交易结构中流动起来，由第三方参与进行。

第三方交叉补贴的资金流动

消费者购买了商品，商家也就有了向媒体支付广告费的资金来源，这是一种间接形式的交叉补贴，也是一种良好的经济生态平衡。

第 5 章 商业模式

■ 多方交叉补贴

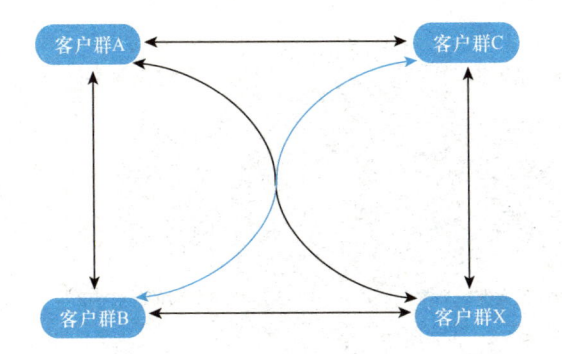

```
客户群A ←――――――→ 客户群C
  ↕    ╲    ╱    ↕
       ╳
  ↕    ╱    ╲    ↕
客户群B ←――――――→ 客户群X
```

· 京东集团诸多业务
· 阿里巴巴集团诸多业务
· 腾讯集团诸多业务

多边平台　　将两个或更多独立但相互依存的客户群连接在一起。平台通过促进不同客户群之间的互动而创造价值。

一个多边平台的价值提升在于它所吸引的用户数量的增加,这种现象被称为网络效应。

以低廉的或免费的价值主张来吸引某一群体加入平台,以达到吸引平台"另一群体"用户跟随者加入平台的目的。

多边平台的问题　　我们能够为平台的各个"边"的群体,吸引到足够数量的用户吗?

哪一"边"对价格更敏感?如果对该群体施以补贴是否可以吸引到他们?

另一"边"群体的加入创造的收益是否足以覆盖补贴的成本?

图解战略与商业模式

■ 收入来源创新

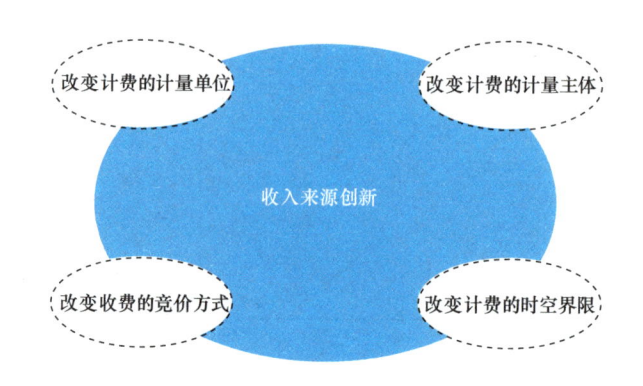

```
        改变计费的计量单位        改变计费的计量主体

                    收入来源创新

        改变收费的竞价方式        改变计费的时空界限
```

改变计费的计量单位　　打破消费者进行横向比较的同一计价标准，破坏了消费者进行横向对比的基础。例如，咯咯哒鸡蛋（论"个"而非"斤"），波音发动机（按时间计费）。

改变计费的计量主体　　从固定收费到分成、买断经营权（BT、BOT 等）。

改变收费的竞价方式　　在计价中引入竞争机制，从而增加收入（如百度竞价）。

改变计费的时空界限　　错开时间收费（健身房会员卡）、错开空间收费（亲情付）、突破信用屏障（支付宝），钱与货不在同一个时空中交易。

第 5 章 商业模式

■ **成本结构破坏**

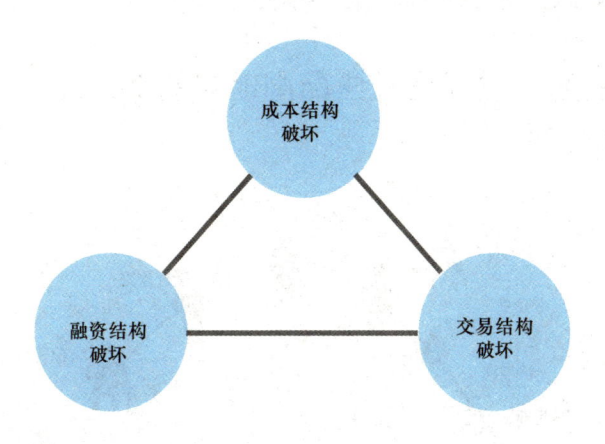

```
           成本结构
             破坏
           /      \
          /        \
     融资结构 ———— 交易结构
       破坏          破坏
```

成本结构破坏 　从高固定成本结构朝着高变动成本结构转移，从高成本向低成本转移（集中式资源配置向分布式转变）。

例如，和君咨询的一九体制，即公司收取 10% 订单管理费，业务团队获得 90% 订单收入，但自行承担项目成本。

融资结构破坏 　通过引入外部资金或者类金融模式，打破商业模式资金瓶颈。

例如，物流地产普洛斯引入社会资本解决自有资金的瓶颈问题。

交易结构破坏 　给用户留个入口，形成高黏性、独特体验的封闭空间，转而从其他价值链获取利润。

例如，物流平台通过单一产品构建庞大的用户基数，实现闭环效应，随之而来的是收取过路费、附加增值费、服务差异费等。

5.5 创业企业商业模式创新

■ 创业企业：处于企业生命周期中的婴儿期、学步期、青春期的企业

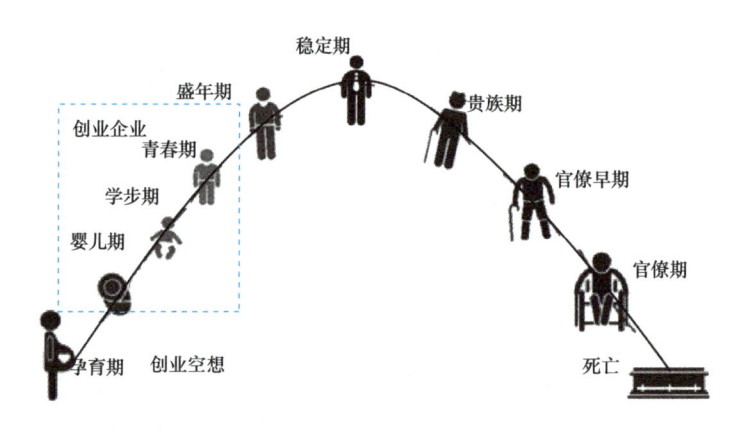

创业企业的用户	用户不明确，用户规模小，企业对用户的需求了解不深，行业对用户理解缺乏共识。
创业企业的组织	组织柔性高，创始人一言决断，家庭氛围，扁平化组织。
创业企业的产品	产品创新无方向，根据用户需求开发产品，通过敏捷开发快速迭代产品，打磨产品。
创业企业的市场	市场能力弱，获取资源资本低，面临大企业的反扑，在夹缝中求生存。

创业阶段是企业生命周期中发展最快、风险最高的阶段。

资料来源：伊查克·爱迪思. 企业生命周期[M]. 北京：中国人民大学出版社，2017.

第 5 章 商业模式

■ 创业企业商业模式创新的"六脉神剑"

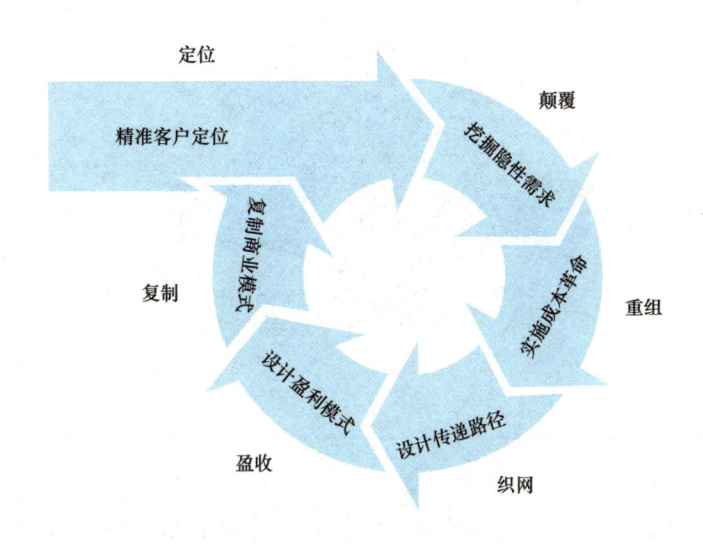

（图：六脉神剑环形示意图，包含"定位—精准客户定位""颠覆—挖掘隐性需求""重组—实施成本革命""织网—设计传递路径""盈收—设计盈利模式""复制—复制商业模式"六个环节）

定位：精准客户定位   找到属于自己的客户，避开成熟企业（大猩猩）的领地，精准定位自身的客户群。

颠覆：挖掘隐性需求   进行客户价值创新，挖掘隐性客户需求。

重组：实施成本革命   梳理业务节点，重新组合产品，革命性掌控成本与绩效。

织网：设计传递路径   价值传递机制与路径设计。

盈收：设计盈利模式   收入模式与盈利模式设计。

复制：复制商业模式   模式复制、业务扩张、资本融资。

第一式——定位：精准客户定位

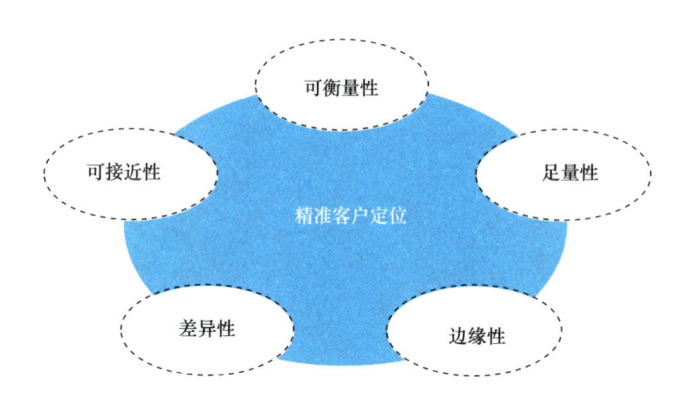

```
        可衡量性
  可接近性        足量性
        精准客户定位
    差异性      边缘性
```

创业企业 = 小猴子	小猴子、黑猩猩、大猩猩分别代表在市场中的创业企业、中型企业和大型企业。
可衡量性	细分市场的购买力和规模能被衡量。
可接近性	细分市场必须与企业自身状况相匹配，企业有优势占领这一市场。
差异性	细分市场具有差异化的特征，与竞争对手不同。
边缘性	细分市场不是中大型企业的领地，不会招致成熟企业的反扑。
足量性	新选定的细分市场容量足以使企业获利。

第二式——颠覆：挖掘隐性需求

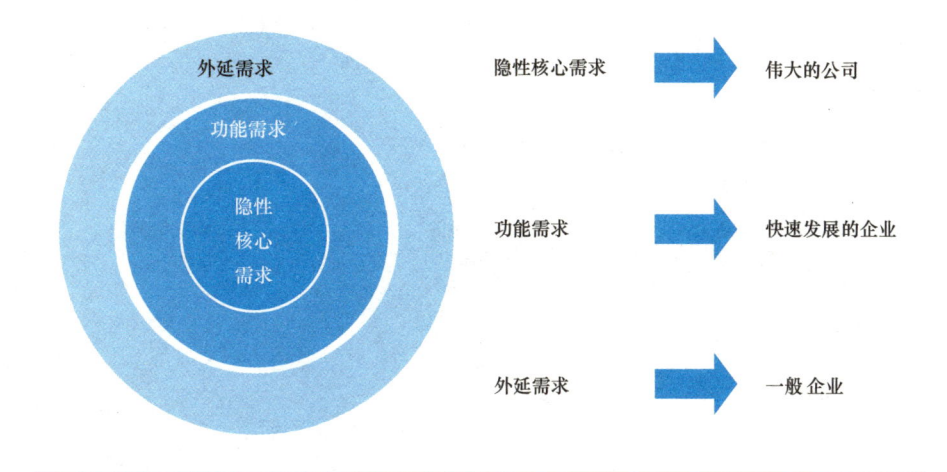

隐性核心需求 ➡ 伟大的公司

功能需求 ➡ 快速发展的企业

外延需求 ➡ 一般企业

创业企业商业模式创新的前提

商业模式创新的前提是颠覆对现有行业的认识和假设。

创新商业模式最重要的是打破企业发展的惯性、企业家思维的惯性、行业思维的惯性。

创业企业商业模式创新的三问

你的前提和假设是什么？

你的前提和假设正确吗？

固有的对行业、客户、竞争的认识可以推翻吗？

隐性核心需求

客户无法清晰表达或无法公开表达的需求。

竞争对手还不知道的需求。

行业人人尽知却没有人能够满足的需求。

功能需求

客户清楚表达的、竞争对手无法实现的需求。

外延需求

客户清楚表达的、行业共知的需求。

第三式——重组：实施成本革命

```
     ◇              ◇              ◇
     1              2              3
  盈利产品的       赚钱环节的      价值链节点的
    重组            重组            重组
```

盈利产品的重组　　交叉补贴模式、免费增值模式、第三方付费模式。

赚钱环节的重组　　重新组合产品，从依靠卖产品、设备赚钱，转变为依靠卖服务、耗材等盈利。

价值链节点的重组　　革命性掌控成本与绩效，围绕已有业务的客户开发新的业务，利用已有的业务带动新增业务。

第四式——织网：设计传递路径

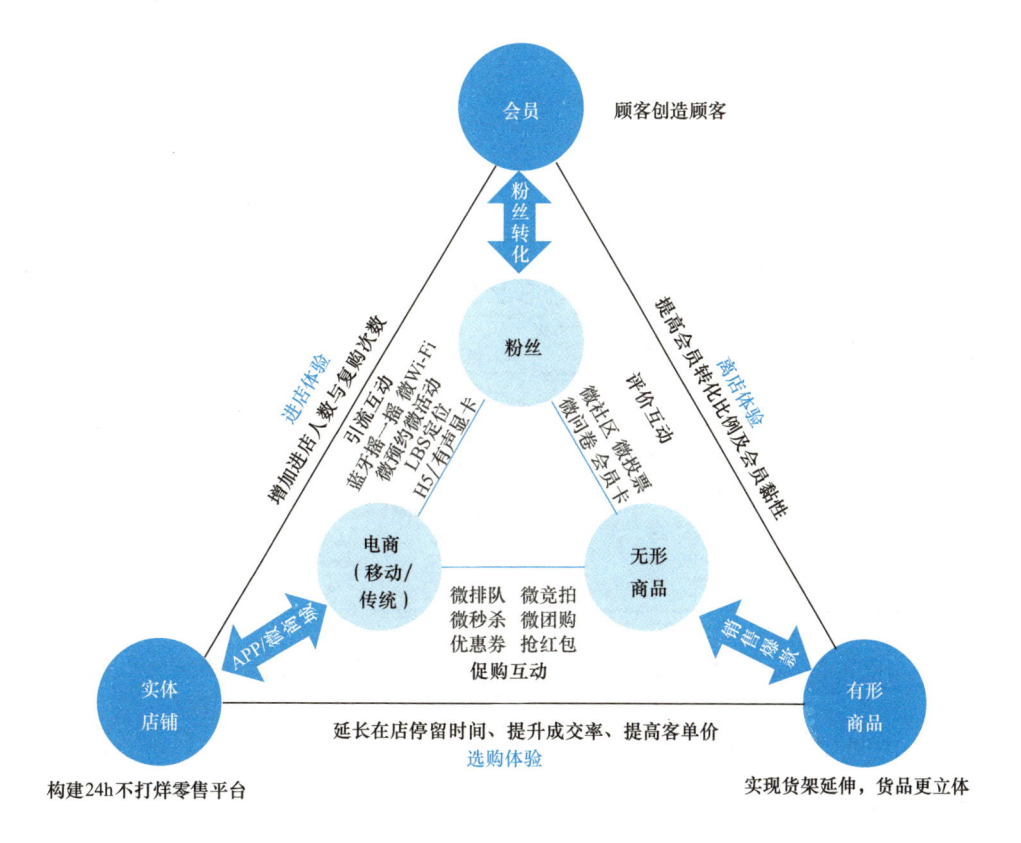

```
                              会员                顾客创造顾客
                               ↓ 粉丝转化
                              粉丝

              进店体验                    离店体验
       增加进店人数与复购次数          提高会员转化比例及会员黏性

    引流互动—播 微Wi-Fi       评价互动
    蓝牙摇一摇微话动           微社区 微投票
    微预约微话动              微问卷 会员卡
    LBS定位
    H5/有奖显卡

                  电商
                 （移动/    微排队  微竞拍
    实体  ←APP/整装箱→ 传统） 微秒杀  微团购   销售接收→  有形
    店铺                   优惠券  抢红包              商品
                           促销互动

              延长在店停留时间、提升成交率、提高客单价
                          选购体验

    构建24h不打烊零售平台              实现货架延伸，货品更立体
```

立体价值传递体系　　线下向线上扩展；

　　　　　　　　　　　线上向线下渗透；

　　　　　　　　　　　线上线下双向融合。

渠道伙伴协同共赢　　共享价值观；

　　　　　　　　　　　整合渠道关系；

　　　　　　　　　　　提高渠道协同。

图解战略与商业模式

■ 第五式—盈收：设计盈利模式

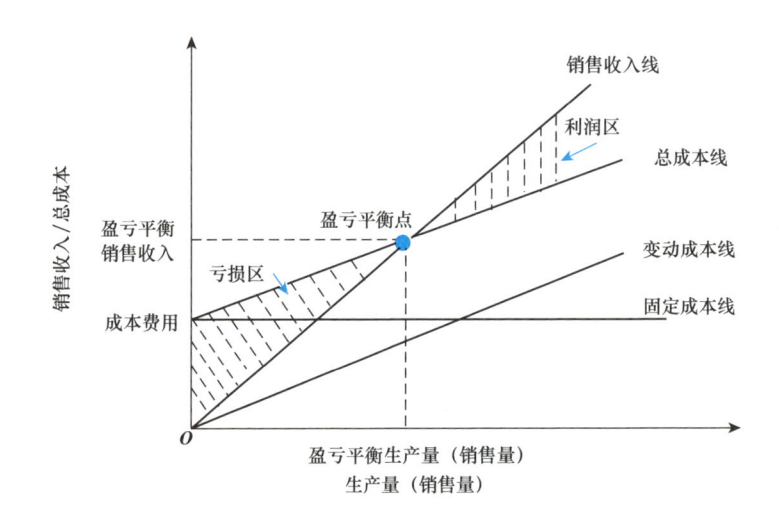

```
                                    销售收入线
                                 利润区
                                         总成本线
销售收入/总成本
            盈亏平衡
            销售收入 ─ ─ ─ ─ ─ ─ 盈亏平衡点
                    亏损区                  变动成本线
            成本费用                         固定成本线
         O              盈亏平衡生产量（销售量）
                        生产量（销售量）
```

盈亏平衡点计算的基本模型

利润＝收入－（变动成本＋固定成本）

　　＝单价 × 销售量－单位变动成本 × 销售量－固定成本

盈亏平衡点计算应注意的问题

盈亏平衡点分析利用成本的固定性质和可变性质来确定获利所必需的产量范围。

根据企业固定成本、产品单价、单位变动成本计算其盈亏平衡点。

盈亏平衡点与商业模式创新

一般情况下，创业企业商业模式创新要"先跑通利润，再上规模"。

个别情况下，创业企业商业模式创新会通过战略性亏损和用外部融资获取的资本弥补内部亏损的方式来争取时间抢占市场份额。

第 5 章 商业模式

■ 第六式——复制：复制商业模式

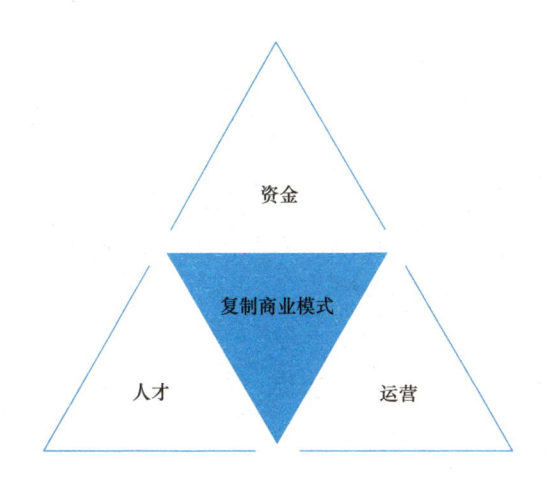

```
          资金
        ╱     ╲
       ╱       ╲
      ╱ 复制商业模式 ╲
     ╱     ▼     ╲
    ╱_____╲
   人才           运营
```

融资—资金瓶颈　资金瓶颈是创业企业商业模式创新的首个瓶颈。

在恰当的时间节点，运用恰当的方法，募集商业模式复制所需的恰当资金。

融智—人才瓶颈　人才瓶颈阻碍了企业规模的进一步扩大。

组建创业团队，适时引入相应人才，给予人才恰当的激励。

融权—运营瓶颈　维护组织稳定，维护创始人控制权。

第六式——复制：资金问题（融资），创业企业的成长壮大取决于其适时融资，为商业模式复制提供资金保障

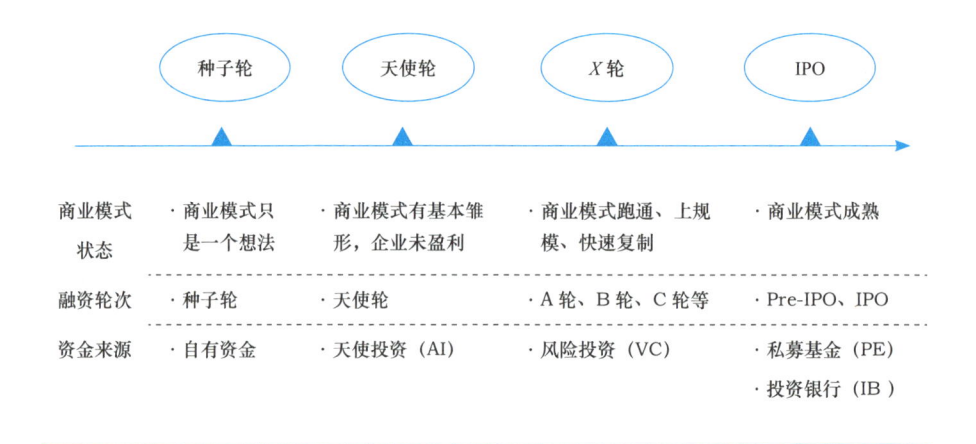

	种子轮	天使轮	X轮	IPO
商业模式状态	·商业模式只是一个想法	·商业模式有基本雏形，企业未盈利	·商业模式跑通、上规模、快速复制	·商业模式成熟
融资轮次	·种子轮	·天使轮	·A轮、B轮、C轮等	·Pre-IPO、IPO
资金来源	·自有资金	·天使投资（AI）	·风险投资（VC）	·私募基金（PE） ·投资银行（IB）

自有资金（Own Funds）

创始人自己的或其直系亲属或朋友的资金，主要适用于种子轮。

天使投资（Angel Investment）

具有一定净财富的人士，对具有巨大发展潜力、高风险的初创企业进行的早期直接投资，主要适用于商业模式探索阶段的天使轮。

风险投资（Venture Capital）

风险投资是由职业金融家投入新兴的、迅速发展的、具有巨大竞争潜力的企业的一种权益资本，主要适用于商业模式成型、快速扩张的A轮、B轮、C轮等。

私募基金（Private Equity）

以非公开方式向特定投资者募集资金并以特定目标为投资对象的证券投资基金，主要适用于商业模式成熟期的Pre-IPO（上市前非公开募集资金）。

投资银行（Investment Banking）

从事证券发行等业务的非银行金融机构，是企业资本市场上的主要金融中介，主要参与资本市场IPO（Initial Public Offering，首次公开募股）融资。

第 5 章 商业模式

■ **第六式——复制**：资金问题（融资），在不同阶段，商业模式估值方法不尽相同，需要选择适当的估值方法融资

	A 估值方法	B 适用阶段
P/MAU	· 用户数 · 企业的价值取决于其用户数	· A 轮、B轮、C轮、D-G轮、IPO轮 互联网行业
P/E法	· 市盈率 · 企业的价值取决于每股净收益	· C轮、IPO轮 · 轻资产行业、服务业为主
P/S法	· 市销率 · 企业的价值取决于销售收入	· B轮、C轮、D-G轮、IPO轮 · 新兴行业、高科技行业
P/B法	· 市净率 · 企业的价值取决于每股净资产	· IPO 轮 · 重资产行业、资产大净利润少、 传统制造业
其他	· 风险投资法（拍脑袋）	· 种子轮、Pre-A轮

P/MAU — 用户数　V= 用户数 × 单用户贡献

P/E 法 — 市盈率　静态 P/E = 股价 / 上一年度的每股收益 (EPS)
　　　　　　　　　V= 净利润 × 市盈率

P/S 法 — 市销率　P/S =（股价 × 总股数）/ 销售收入
　　　　　　　　　V= 销售收入 × 收入倍数

P/B 法 — 市净率　P/B = 股价 / 每股净资产
　　　　　　　　　V= 销售收入 × 收入倍数

■ 第六式——复制：人才问题（融智），在商业模式创新早期阶段，围绕"四同"组建初始创业团队

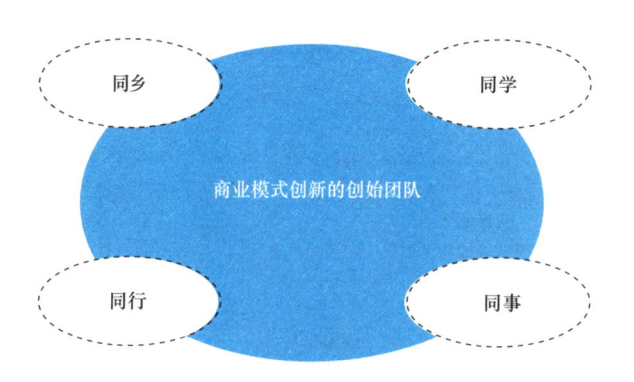

```
         同乡              同学
              商业模式创新的创始团队
         同行              同事
```

关系的紧密性　基于创始人的同学、同事、同行、同乡等亲密关系的圈子，才是合伙人人选的关键来源。

理念的一致性　想做事，想做共同的事，有初恋般的热情和宗教般的意志。

特质的异质性　专业互补、性格互补。

"老大"的权威性　这些创业团队都有一个核心人物和灵魂人物，有大家信服明确的"老大"。

第六式——复制：人才问题（融智），创业搭档的黄金动物 TOPK 组合

推动型	分析型
表达型	友善型

推动型　做事当机立断，敢于冒险，更多关注现在而忽视未来与过去，对事情比较敏感，对人不敏感，属于工作导向型，注重结果而忽视过程，工作节奏快，容易与下属起摩擦。

分析型　崇尚事实、原则和逻辑，做事深思熟虑有条不紊，很有纪律性，能系统地分析现实，把过去作为预测未来事态的依据，追求周密与精确，对事比较敏感，对人不敏感，属于工作导向型，但注重工作证据，决策速度比较缓慢，为人严肃，难以通融，遇到快速变化的环境时，很容易与下属起摩擦。

表达型　精力旺盛，善于演讲，天马行空，做事比较直观，喜欢竞争，对事情不敏感，对人敏感并感兴趣，更关注未来、梦想，不关注现实中的一些细节，行动虽然迅速，但容易因不冷静而改变主意，喜欢描绘蓝图而不愿给员工实在的指导。

友善型　营造人与人相互尊重的气氛，决策速度非常缓慢，试图避免风险，对事情不敏感，对人的感情很敏感，属于关系导向型，但优柔寡断。

第六式——复制：人才问题（融智），创始团队股权分配额度模型

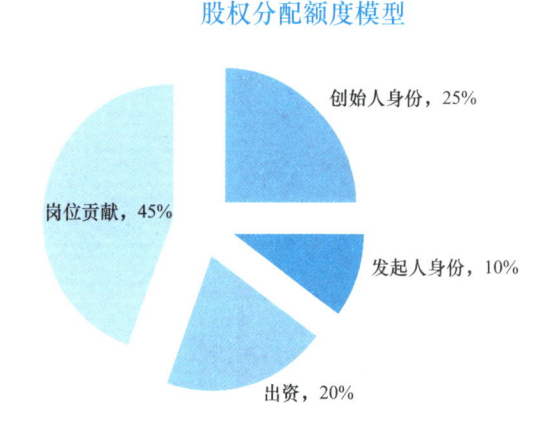

股权分配额度模型

- 创始人身份，25%
- 发起人身份，10%
- 出资，20%
- 岗位贡献，45%

股权分配的基本原则

- 维护创始人控制权
- 凝聚合伙人团队
- 让员工分享公司财富效应
- 促进投资者进入
- 设计的股权架构也不能构成公司上市障碍

发起人身份股　参与创业的发起人，无论职务、出资一律平均获得该配额的股权，10% 均分。

出资股　指现金出资、渠道资源等能评估的对于创业早期而言必需的资源，这里不包括外部投资的出资，仅考虑创业发起人。

岗位贡献股　指能够为公司带来的贡献，全职为原则，包括 CEO, COO, CTO, CPO 等，根据职位和公司业务导向，确定各自比例，建议在均分原则上调整。

如果是兼职，则只能是该岗位全职的 20% 股权，其余待全职后可分配。

创始人身份股　创始人独占。创业早期的灵魂与核心。

25% 是中位数，如果是 3 人以上团队，该配额不应低于 20%。

第5章 商业模式

■ **第六式——复制：人才（融智）问题，随着企业的发展，逐步转变人才策略**

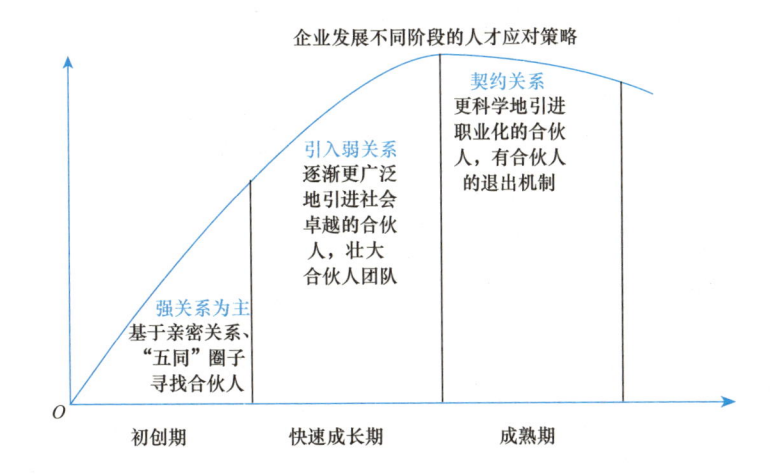

企业发展不同阶段的人才应对策略

强关系为主
基于亲密关系、"五同"圈子寻找合伙人

引入弱关系
逐渐更广泛地引进社会卓越的合伙人，壮大合伙人团队

契约关系
更科学地引进职业化的合伙人，有合伙人的退出机制

初创期　　快速成长期　　成熟期

初创期的人才策略　基于亲密关系、"五同"圈子寻找创始团队合伙人。

团队合伙人以强关系为主。

成长期的人才策略　逐渐更广泛地引进社会卓越的合伙人，壮大公司队伍。

逐步引入弱关系，强调专业能力为主。

成熟期的人才策略　更科学地引进职业化的职业经理人。

建立职业经理人的退出机制、绩效考核机制。

团队以契约关系为主，按照契约办事。

第六式——复制：运营问题（融权），维护创始人控制权

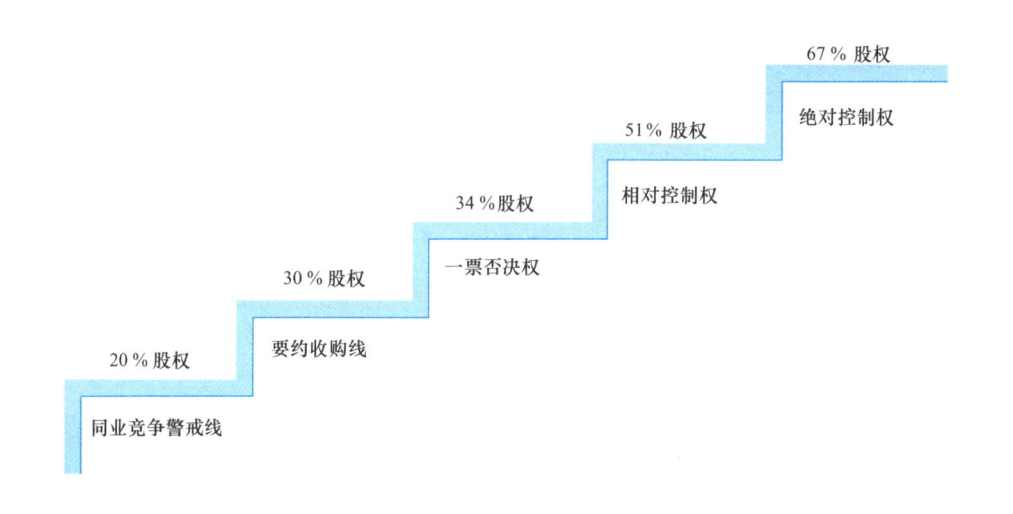

```
                                          67% 股权
                                          绝对控制权
                              51% 股权
                              相对控制权
                   34% 股权
                   一票否决权
         30% 股权
         要约收购线
20% 股权
同业竞争警戒线
```

67% 绝对控制权   占比三分之二，能够通过股东大会决议，有权修改公司章程、增资扩股等重大事项，公司章程是除了《公司法》之外能够约束股东权利和义务的最重要契约。

51% 相对控制权   占比二分之一以上，通过股东大会决议，可以对公司重大决策进行表决和控制，如制定董事会和高管的薪酬，以及股权激励等。

34% 一票否决权   占比大于三分之一，对于股东会决策有直接否决权，这是针对 67% 绝对控制权而相对设定的。

30% 要约收购线   证券交易所规定，持股超过上市公司已发行股份 30% 以上，继续增持股份的，需要以要约方式进行，全面要约或部分要约。

20% 同业竞争警戒线   大股东、子公司、并列子公司和联营公司持股超过 20%，存在类似业务的，可能存在同业竞争。

第六式——复制：运营问题（融权），维护创始人控制权

	控制要素	注意要点	
		争取的目标	要避免的情形
股权控制	绝对和相对控股及否决权	争取创始股东的绝对控股(66.7%，51%)或相对控股(第一大股东)	避免导致僵局的股权比例，如50∶50、65∶35、40∶40∶20甚至50∶40∶10
股权控制	投票权与股权的分离	争取通过投票权委托、一致行动协议、有限合伙持股等方式把握投票权	避免过快的融资环节过度稀释创始人的投票权，进而失去对公司的控制
日常经营控制	董事会	争取创始股东对董事人数的决定或相对控制	避免非创始股东对董事会的控制
日常经营控制	公司实际控制	争取由首席创始合伙人兼任公司董事长、总经理和法定代表人	避免非创始股东控制法人章、公章、营业执照及账户等公司印鉴

投票权委托　《股东委托投票代理协议》，不可撤销地指定由甲方委派的人员来独家代理行使其在 A 公司股东大会上由法律和 A 公司章程规定的股东投票权。

一致行动人协议　《公司股东一致行动人协议》，在公司没有控股股东或实际控制人的情况下，由多个投资者或股东共同签署一致行动人协议，扩大共同的表决权数量，形成一定控制力。

AB 股计划　将股票分为 A、B 两个系列，其中对外部投资者发行的 A 系列普通股有 1 票投票权，而管理层持有的 B 系列普通股每股则有 N 票（通常为 10 票）投票权。

合伙人制度　组建公司合伙人替代董事会，在"合伙人"制度中，由合伙人提名董事会的大多数董事人选，而非根据股份的多少分配董事席位。

5.6 成熟企业商业模式变革

■ 成熟企业：处于企业生命周期盛年期、稳定期和贵族期的企业

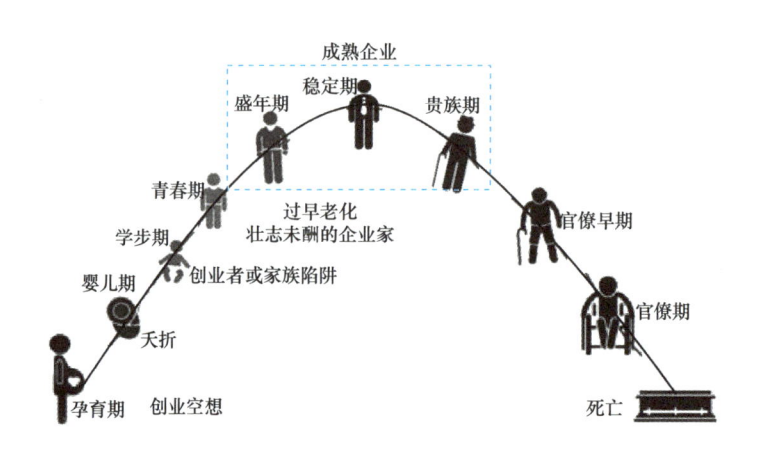

```
                    成熟企业
                盛年期  稳定期
                            贵族期
          青春期
                  过早老化
        学步期     壮志未酬的企业家
                                    官僚早期
     婴儿期       创业者或家族陷阱
              夭折
                                         官僚期
  孕育期   创业空想
                                            死亡
```

成熟企业的用户　拥有主流顾客，用户规模大，企业对用户的需求有比较深入的了解。

成熟企业的组织　用于合理的权力结构，畅通的沟通机制和适宜的奖励制度，组织效率高。

成熟企业的产品　产品创新有控制、被鼓励，产品质量好。

成熟企业的市场　市场能力强，获取资源成本高，平衡市场竞争合作，在技术市场、资本市场和行业市场呼风唤雨。

成熟阶段是企业生命周期中发展最平衡、最充分的阶段，也是盛世中危机潜伏的阶段。

第 5 章　商业模式

■ 成熟企业商业模式变革的四大障碍：战略近视症、顾客近视症、绩效近视症、情感近视症

```
                    战略近视症
                     主导逻辑
               02              01
    顾客近视症  顾客拉力     绩效压力   绩效近视症
               04              03
                     情感黏力
                    情感近视症
```

战略近视症　历史上已经形成关于本企业的主导逻辑、企业认知图景等既有定见。例如，主业论。

顾客近视症　企业完全被现有业务的主流顾客所束缚，奴隶般地追随已有主流顾客，无法看到边缘顾客的独特价值信号。

绩效近视症　主流顾客是企业当前业务的核心，是企业当前销售收入和利润的主要来源；相比边缘顾客，主流顾客对企业当期财务的重要性更高、更直接。

情感近视症　组织承诺的自我约束，面向特定顾客的导向，而不是其他顾客，是一种"承诺密集型"战略选择，将企业锁定在特定的商业模式中。

图解战略与商业模式

■ 成熟企业商业模式变革的四大法宝：看画论、养牛论、种地论、做菜论

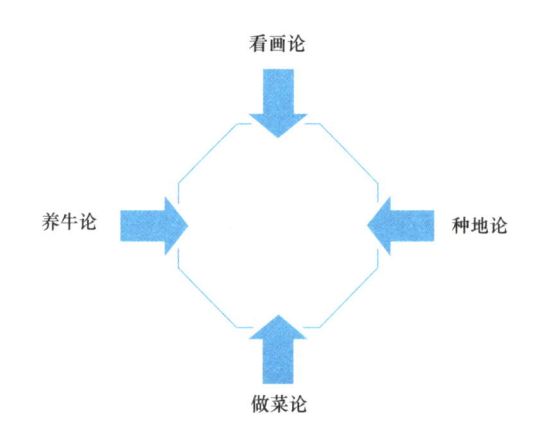

```
        看画论
          ↓
养牛论 →  ◇  ← 种地论
          ↑
        做菜论
```

看画论——突破战略近视症　退出画面看画，才能转换视角、看清全貌。

要跳出企业看企业、跳出行业看行业。

养牛论——解决顾客近视症　你是要养牛，还是想喝奶？要喝牛奶，为什么要养牛呢？

终局视角，喝牛奶的人不一定需要养牛！从产品主导逻辑转向服务主导逻辑。

种地论——铲除资源依赖症　一亩地一头牛一个人，十亩地十头牛十个人，而一旦市场下滑，牛和人都会成为负担。

不是要"占有资源"，而是要"整合资源"，"不求所有，但求所用"！

做菜论——化解情感近视症　不是"企业有什么就生产什么"，也不是"企业能干什么就干什么"！对企业来讲，什么是主业不重要，关键是用户需要什么！主业要根据市场变化来调整。

过去是"我有什么原料，就做什么菜"（看料下菜），现在是"客人需要什么，我就生产什么"（看客下菜）。

资料来源：印建安，陕鼓集团原董事长

第 5 章 商业模式

■ 成熟企业商业模式变革三度修炼：速度、灰度、灵敏度

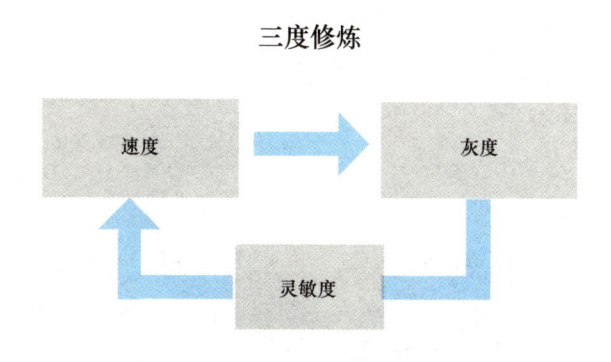

三度修炼

```
    速度  →  灰度
     ↑        ↓
        灵敏度
```

速度　　　对于企业来说，独到的眼光确实是第一位的，不过，快速行动、推动执行也很重要。

　　　　　　醒得早起得早，未必能捕到食。

灰度　　　容忍失败，才有可能接近成功。

　　　　　　创新并不是非黑即白的，在没做过且不知道如何做的情况下，要允许不完美。在总体风险可控的情况下，要允许失败。

灵敏度　　对市场的判断准、反应快、适应快。

　　　　　　"灵敏度"是"速度"和"灰度"的关键控制变量，如果失去"灵敏度"，企业就无法快速、准确地主动应对可能的变化，创新就会走向失控。

资料来源：印建安，陕鼓集团原董事长

图解战略与商业模式

■ 成熟企业商业模式变革的实施障碍：五大组织文化毒瘤

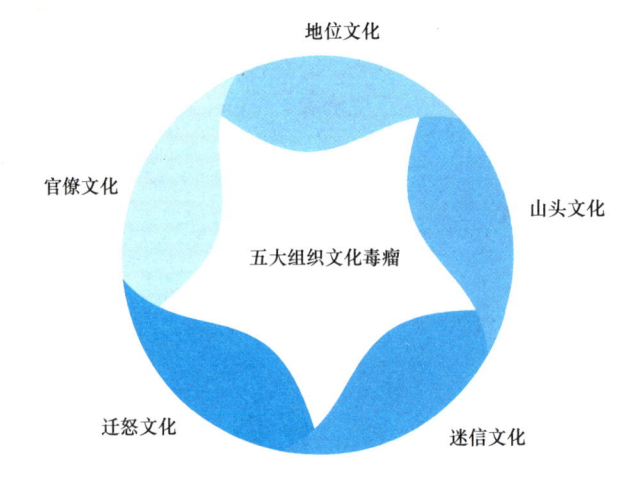

五大组织文化毒瘤：地位文化、山头文化、官僚文化、迁怒文化、迷信文化

地位文化　人们判断一个新想法是否可行的标准不是想法本身，而是该想法提出者的地位。由企业内部草根阶层发起的创新被扼杀在摇篮中的可能性就大大提高。

山头文化　当创新挑战了企业内部固有的权力与结构关系时，那些认为维持现状更加有利于自身利益的部门就会强烈反对商业模式变革，阻碍创新在整个组织范围内的实施。

官僚文化　官僚型的企业，限制企业员工包括高管的认知视野，使他们层层听命于上级，局限于服务现有主流顾客之中，而不能提出特立独行的观点和看法。

迁怒文化　在创新失败或偏离目标时，不是从失败中学习经验，而是为失败寻找替罪羊，这就极大地影响了中层、基层员工实施创新的积极性。

迷信文化　迷信所谓的行业专家或业内权威，而不肯俯身倾听一线员工和客户的声音。

第 6 章

战略管理

6.1 战略管理概述

6.2 企业领导者

6.3 集团总部

6.4 战略落地系统

6.1 战略管理概述

■ 战略管理的概念

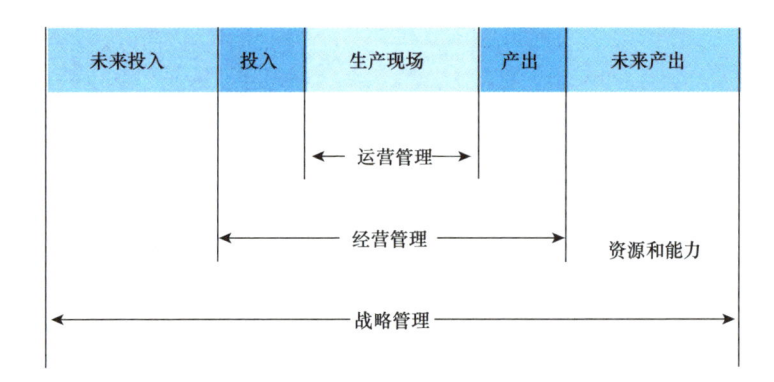

未来投入	投入	生产现场	产出	未来产出

←— 运营管理 —→

←———— 经营管理 ————→　资源和能力

←——————— 战略管理 ———————→

管理的精细程度与管理的层次成反比

战略管理的概念	战略管理是制定、实施和评价使组织能够达到其目标的、跨功能决策的艺术与科学。
战略管理的特点	战略管理是着眼于"方向"的管理,增长的动力来自外部环境,有极强的方向性。
	不谋全局者,不足谋一域;人无远虑,必有近忧!
	但如果忽略细节,过分关注方向,就会不着边际。
运营管理的特点	运营管理是着眼于"目的"的管理,动力来自企业内部,有极强的目的性。
	千里之堤,溃于蚁穴!千里之行,始于足下!
	但如果过分关注细节,就会偏离方向。
	高层管理者需要重点关注战略管理,中层管理者要关注经营管理,而基层管理者需要重点关注运营管理。

第 6 章 战略管理

■ 战略管理的地位：战略导向整合管理

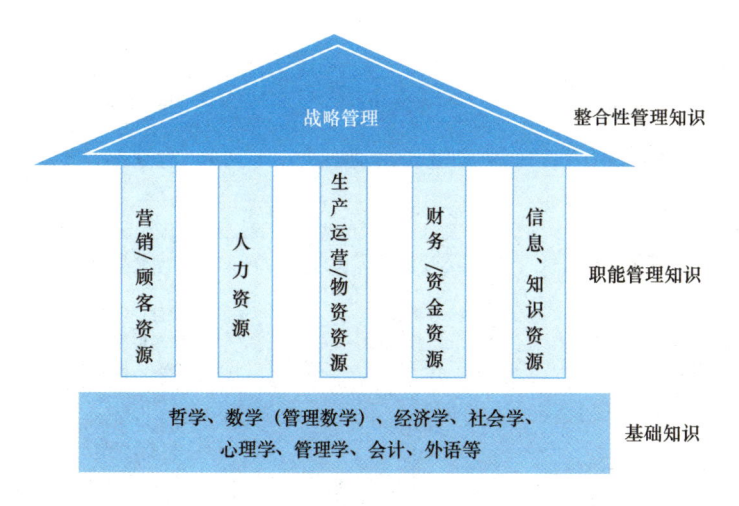

```
              战略管理                    整合性管理知识

  营销/    人力    生产运营    财务/    信息、
  顾客    资源    物资资源    资金    知识          职能管理知识
  资源              资源      资源    资源

     哲学、数学（管理数学）、经济学、社会学、
     心理学、管理学、会计、外语等                   基础知识
```

战略导向整合管理

企业管理	企业管理要解决两个问题，一是"做正确的事"，二是"正确地做事"。
	企业战略主要解决"做正确的事"这个问题。
	除此之外的管理机制主要是解决如何"正确地做事"。
	企业要成功，既要保证选择正确的事，又要按正确的方法来做事。
战略导向整合管理	战略导向整合管理就是将战略与管理机制融为一体的一种管理思想。
	首先确定企业的战略规划，然后根据企业的战略规划来建立和调整管理机制，形成以战略规划为统帅、以战略目标的实现为主要目的的管理机制。
	战略规划统帅管理机制，管理机制支持战略规划。

资料来源：郑石桥，等 . 战略导向整合管理 [M]. 乌鲁木齐：新疆大学出版社，2003.

图解战略与商业模式

■ 战略管理的三维三论

三维	纵向视角	横向视角	第三视角
	• 行业的演变	• 竞争对手的对标	• 企业家雄心

三论	质疑	探思	求解
	• 业务是什么？ • 应该是什么？ • 为什么？	• 外部环境：符合实际 • 使命目标：上下一致 • 内部实力：动态发展	• 特色：以独特性赢得顾客 • 取舍：权衡利弊做出决策 • 组合：多个环节配合默契

纵向视角　从行业整体发展的纵向视角审视某一个行业。

横向视角　从行业竞争的横向视角审视行业、竞争对手、企业自身。

第三视角　企业家（高层管理团队）的使命、责任与雄心。

质疑　业务是什么？应该是什么？为什么？

探思　外部环境符合实际、使命目标上下一致、内部实力动态发展。

求解　特色（以独特性赢得顾客）、取舍（有所为有所不为）、组合（管理协同效应、网络协同效应、资源竞合协同效应）。

第 6 章 战略管理

■ 战略管理的四阶过程：分析、制定、实施、控制

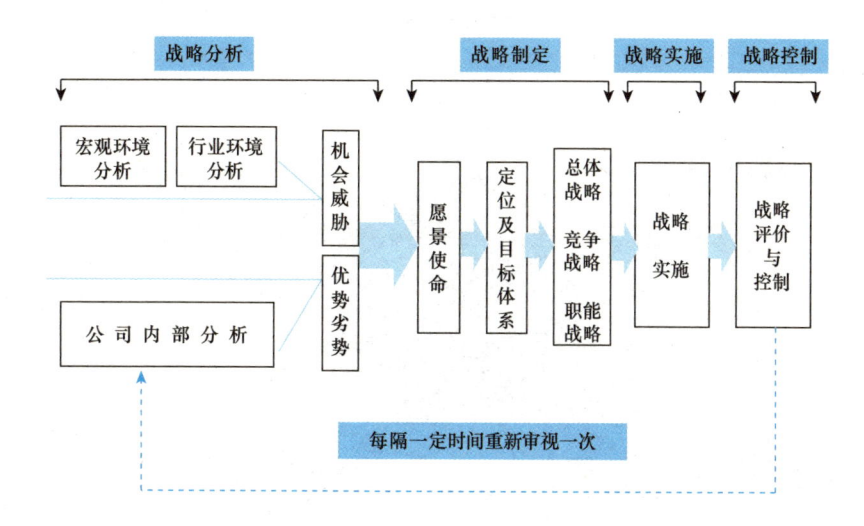

```
战略分析                    战略制定      战略实施    战略控制

宏观环境   行业环境    机会
  分析      分析      威胁    愿景   定位及    总体战略   战略     战略
                            使命   目标体系  竞争战略   实施    评价与
                            优势              职能战略           控制
  公司内部分析         劣势

              每隔一定时间重新审视一次
```

战略管理过程　战略管理是一种过程管理，在相对静态的环境下，战略管理包括战略分析、战略制定、战略实施、战略控制四个阶段。

战略分析　对企业的战略环境进行分析、评价，并预测这些环境未来发展的趋势，以及这些趋势可能对企业造成的影响及影响方向。

战略制定　对战略进行探索、制定以及选择。

战略实施　战略方案确定后，通过具体化的实际行动，实现战略及战略目标。

战略控制　对战略的实施情况进行监测、评价和纠正等。

战略管理的五大原则

适应环境原则

全员参与原则

全程管理原则

战略管理的原则

反馈修正原则

整体最优原则

适应环境原则　企业是社会大系统的一个组成部分，它的存在和发展在很大程度上受企业内外各种环境因素的影响。

全员参与原则　战略管理不仅仅是企业领导和战略管理部门的事，在战略管理的全过程中，企业全体员工都将参与。

反馈修正原则　在战略实施过程中，环境因素可能会发生变化。此时，企业只有不断地跟踪反馈并适时修正，方能保证战略的适应性。

整体最优原则　战略管理要将企业视为一个整体来处理，要强调整体最优而不是局部最优。

全程管理原则　战略管理是一个过程，包括战略分析、战略制定、战略实施、战略控制。

第 6 章 战略管理

■ **战略管理的终极目的：让自己活得好，让别人有路活**

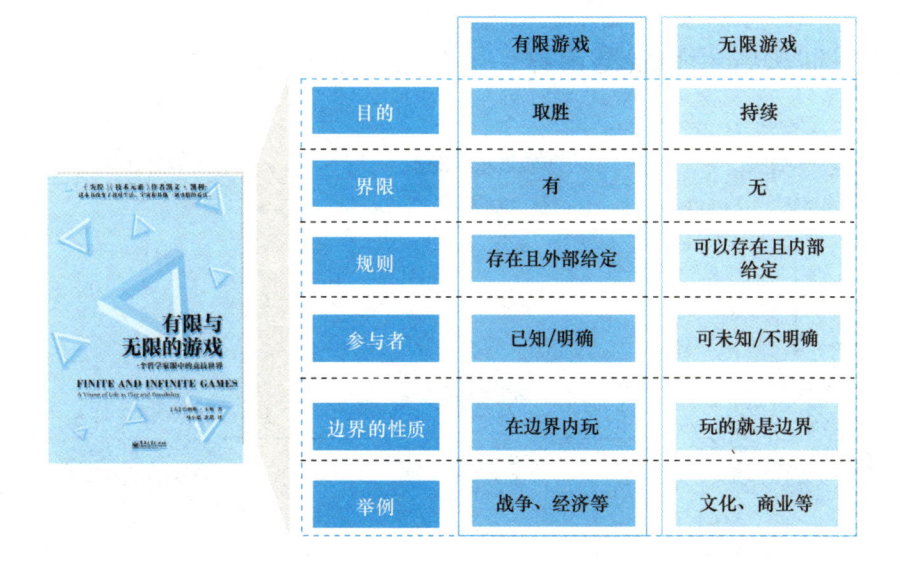

	有限游戏	无限游戏
目的	取胜	持续
界限	有	无
规则	存在且外部给定	可以存在且内部给定
参与者	已知/明确	可未知/不明确
边界的性质	在边界内玩	玩的就是边界
举例	战争、经济等	文化、商业等

有限游戏与无限游戏 　有限的游戏，目的在于赢得胜利；无限的游戏，旨在让游戏永远进行下去。

有限的游戏在边界内玩，无限的游戏玩的就是边界。

有限的游戏具有一个确定的开始和结束，拥有特定的赢家，规则的存在就是为了保证游戏会结束。

无限的游戏既没有确定的开始和结束，也没有赢家，它的目的在于将更多的人带入游戏本身中来，从而延续游戏。

战略管理的最终目的 　战略管理的最终目的在于取胜，即享有持久竞争优势和卓越经营绩效。

战略管理的终极追求必定是表现为企业竞争优势经时历久地存在并发挥作用，经营绩效长期稳定地保持在卓越和优良的水平。

资料来源：詹姆斯·卡斯. 有限与无限的游戏 [M]. 北京：电子工业出版社，2013.

6.2 企业领导者

■ 企业领导者的战略素养：三心二意一平衡

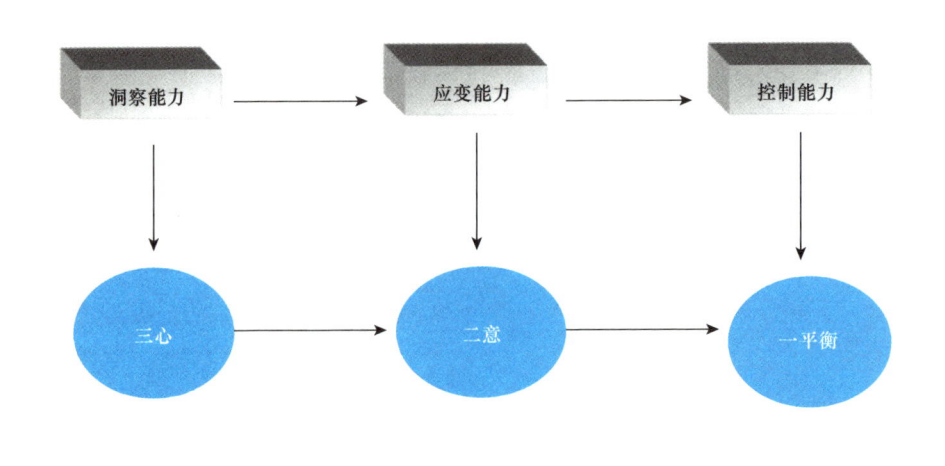

```
洞察能力  →  应变能力  →  控制能力
   ↓            ↓            ↓
  三心    →    二意    →   一平衡
```

三心　"平常心"为人，不固执己见，以排除思维定式；

"敬畏心"做事，关注未来变数，防患于未然；

"进取心"长本领，注意经验可能过时，不断提升做事能力。

二意　重视"顾客意"，把握当前及潜在顾客的需求与欲望变化；

明确"企业意"，做好自身使命与愿景定位，以达成顾客与企业的互惠共生。

一平衡　"平衡"处理好时间过程的跨期流量分配问题，注意人生过程。今天既不能提前预支明天的时间，也不能在明天再来消费今天的时间，为永葆企业青春活力，必须确保在不同时期其各项资源的收、付、存有一个合理的配置与分布。

第 6 章 战略管理

■ **企业领导者的职务使命：定战略、重执行、要结果**

```
定战略          重执行          要结果
（三定）        （三重）        （三要）
```

定战略　定方向：领域方向、地域方向、时域方向、位域方向；

定目标：定性目标、定量目标；

定方法：科技进步法、管理升级法、定位配称法、资本运营法、产融结合法。

重执行　重组织：组织结构、组织目标、组织绩效；

重团队：团队构建、团队带领、团队精神；

重管理：资金管理、产品管理、品牌管理。

要结果　要做大：规模与资本（产品、产业、资本、产融）；

要做强：能力与品牌（资源、能力、品牌）；

要做久：机制与文化。

企业领导者的心智成长：邓宁 - 克鲁格效应

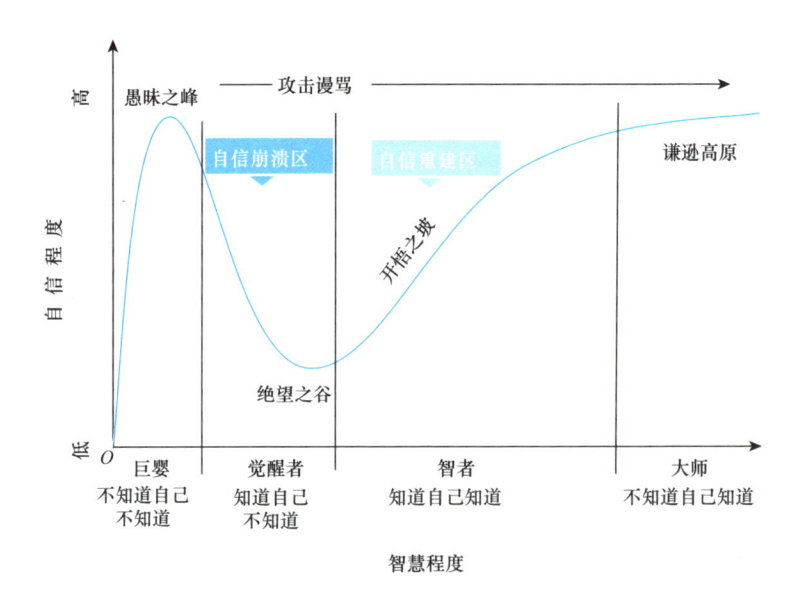

```
高 ↑
    愚昧之峰        ← 攻击谩骂 →
      ╱╲      │自信崩溃区│自信重建区│        谦逊高原
     ╱  ╲     │         │         │      ╱──────────
自   ╱    ╲    │         │        ╱
信  ╱      ╲   │         │   开悟之坡
程 ╱        ╲  │        ╱
度             ╲        ╱
                ╲_____╱
                绝望之谷
低 └────┼─────────┼─────────┼─────────┼────→
    O  巨婴      觉醒者     智者       大师       智慧程度
       不知道自己  知道自己   知道自己   不知道自己
       不知道    不知道     知道      知道
```

邓宁 - 克鲁格效应的概念

邓宁 - 克鲁格效应又称达克效应，它是一种认知偏差现象，指的是能力欠缺的人在自己欠缺能力的基础上得出自己认为正确但其实错误的结论，行为者无法正确认识到自身的不足，辨别错误行为。这些能力欠缺者沉浸在自我营造的虚幻的优势之中，常常高估自己的能力，却无法客观评价他人的能力。

邓宁 - 克鲁格效应的原理

能力差的人通常会高估自己的技能水准；

能力差的人不能正确认识其他真正有此技能的人的水准；

能力差的人无法认知且正视自身的不足及极端程度；

如果能力差的人能够经过恰当训练大幅度提高能力水准，他们最终会认知到且能承认他们之前的无能程度。

资料来源：陈彦君,石伟,应虎.能力的自我评价偏差：邓宁 - 克鲁格效应[J].心理科学进展,2013,21(12):2204-2213.

战略管理者的自我成长：先锋→精英→领袖的进化

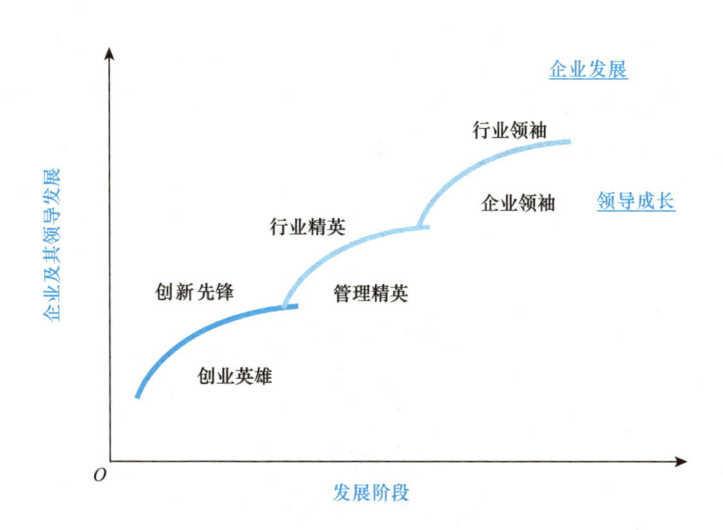

企业及其领导发展 ↑

- 创新 先锋
- 创业英雄
- 行业精英
- 管理精英
- 行业领袖
- 企业领袖

企业发展

领导成长

发展阶段 →

创业期的创业先锋与创业英雄

创新先锋：商业模式创新者、技术创新者、产品创新者；

创业英雄：创业者，胆识、意识。

成长期的行业精英与管理精英

行业精英：注重效率、资源利用、关注战术、内向型；

管理精英：注重管理、注重稳定、注重策略、关注细节、集权、关注事件。

成熟期的行业领袖与企业领袖

行业领袖：注重发展、资源配置、关注战略、外向型；

企业领袖：注重领导、追求创新、注重战略、关注全局、授权、关注机制、关注人。

资料来源：北京理实国际咨询集团

6.3 集团总部

■ 集团总部的角色：总部作为组合管理者、机会重组者、协同效应管理者、能力培育者等角色，并通过有关活动给业务单元带来价值增长

```
        组合              机会
       管理者             重组者
            ┌─────────┐
            │ 集团总   │
            │ 部角色   │
            └─────────┘
       协同效应           能力
       管理者             培育者
```

组合管理者	定位：金融市场的代表。 发现被低估的资产或者业务（收购），剥离业绩不好的业务，剩余业务通过改造成为优良业务并溢价出售。
机会重组者	定位：把握重组机会。 介入业务单元的运作并改善业务单位的价值。
协同效应管理者	定位：总部应该是专家。 对成员企业的活动进行协同管理，以取得协同效应。
能力培育者	利用总部的核心能力为下属企业提供业务增值。

资料来源：上海华彩管理咨询公司

第 6 章 战略管理

■ 集团总部与二级业务单位

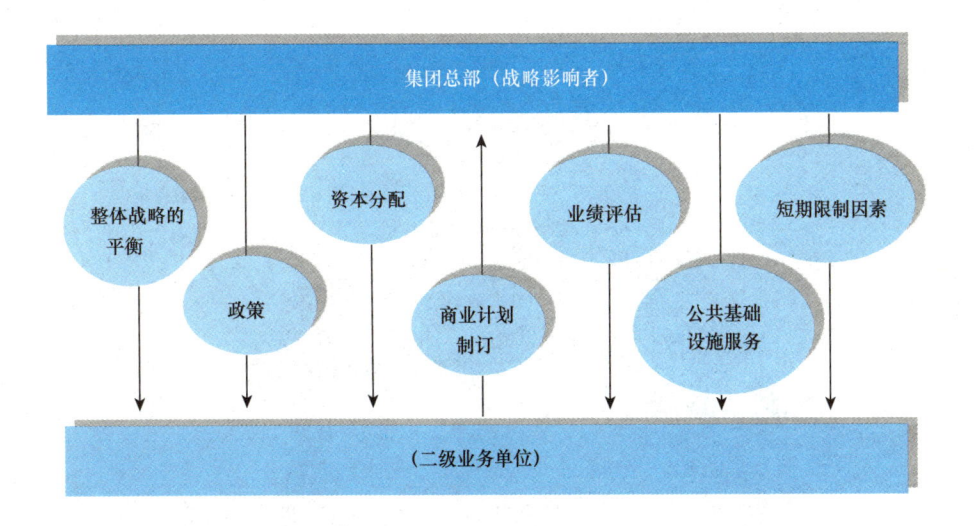

```
┌─────────────────────────────────────────────────────────┐
│           集团总部（战略影响者）                          │
└─────────────────────────────────────────────────────────┘
   │          │         │         │          │         │
 整体战略的   政策    资本分配  商业计划   业绩评估  公共基础  短期限制因素
   平衡                         制订                设施服务
   │          │         │         │          │         │
┌─────────────────────────────────────────────────────────┐
│              （二级业务单位）                             │
└─────────────────────────────────────────────────────────┘
```

整体战略的平衡	长短平衡、内外平衡、虚实平衡、区域平衡、客户平衡等。
政策	宏观经济环境、产业经济环境、政府公共事务等。
资本分配	资金调度、内部银行、收支两条线等。
商业计划制订	年度经营计划、三年滚动计划、中长期计划等。
业绩评估	二级公司绩效指标制定、监测、评估、调整和评价。
公共基础设施服务	企业社会责任、公司品牌传播、人力资源管理等。
短期限制因素	现有的设施（如产能）、短期业绩指标、短期银行贷款等。

资料来源：上海华彩管理咨询公司

6.4 战略落地系统

战略落地的重要性

- 使命：我们为什么存在？
- 价值观：对我们最重要的是什么？
- 愿景：我们想成为什么？
- 战略：我们如何实现愿景？
- 战略行动方案：我们需要做什么？
- 授权／个人目标：我需要做什么？

对我意味着什么？

战略落地系统的构建，迫在眉睫

战略与行动之间存在着巨大鸿沟

商业的成功需要企业具有正确的战略，并且保证战略得到有效执行。

现在的关键问题是绝大部分组织不关注战略执行能力的建设。

通常企业只能获得其战略所承诺的财务结果的 63%。

超过 1/3 的执行层指出实际数字还不及 50%。

甚至，产生战略与实际行动之间差距的原因对于高层来讲也几乎是无形的……

资料来源：卡普兰. 平衡记分卡 - 化战略为行动 [M]. 广州：广东经济出版社，2004.

◆ 第6章 战略管理

■ **战略落地的五大障碍：聚焦障碍、资源障碍、运作障碍、信息障碍、员工障碍**

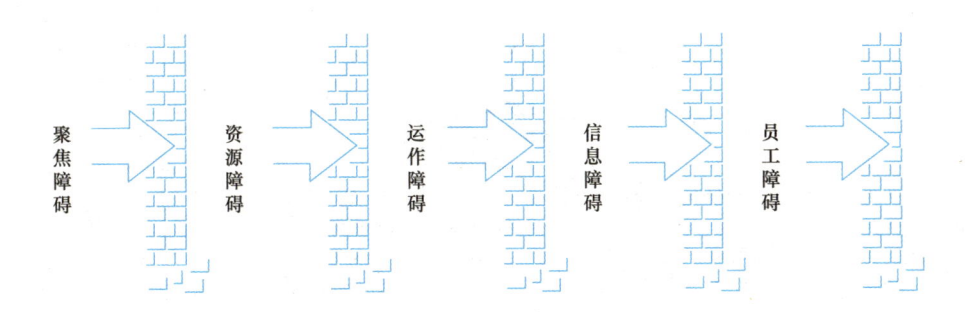

聚焦障碍 → 资源障碍 → 运作障碍 → 信息障碍 → 员工障碍

聚焦障碍　你的组织是否围绕战略整合在一起？你如何衡量战略的成功？

资源障碍　你是否为战略提供足够的资源？你的计划是否适应变革？

运作障碍　你的运作是否支持战略？你的核心流程是否产生客户价值？

信息障碍　你是否有足够用于决策的信息？你的IT架构支持战略吗？

员工障碍　你的员工是否理解战略？你的员工是否具备执行战略所需的技巧？

资料来源：卡普兰. 平衡记分卡 - 化战略为行动 [M]. 广州：广东经济出版社，2004.

图解战略与商业模式

■ **战略落地系统**：战略地图、平衡记分卡、战略中心型组织构成了涵盖描述战略、衡量战略、管理战略等功能的完整战略落地系统

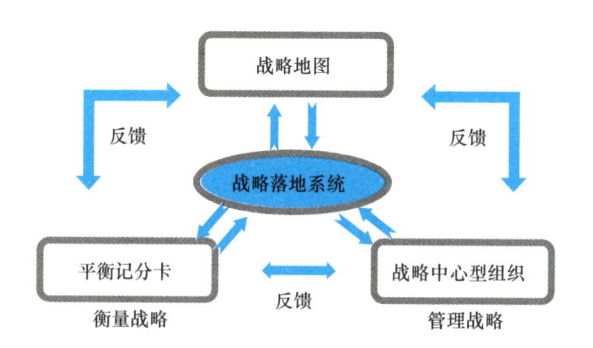

```
                    战略地图
                   ↑    ↓
          反馈              反馈
           ↘              ↙
              战略落地系统
           ↗              ↖
    平衡记分卡  ←—反馈—→  战略中心型组织
     衡量战略                管理战略
```

战略地图	战略地图是以平衡计分卡的四个层面目标为核心，通过分析这四个层面目标的相互关系而绘制的企业战略因果关系图。
	以战略地图的形式明晰战略，制定战略目标，并体现目标之间的因果关系。
平衡记分卡	平衡计分卡是从财务、客户、内部运营、学习与成长四个角度，将组织的战略落实为可操作的衡量指标和目标值的一种新型绩效管理体系。
	以平衡记分卡的形式制定指标和行动方案。
战略中心型组织	高层领导推动变革，把战略转化为可操作的行动，使组织围绕战略协同化，把战略与规划预算、运营和人力资源管理更深入、更精确地联系起来，让战略成为每个人的日常工作。

资料来源：卡普兰.诺顿.战略地图——化无形资产为有形成果[M].广州：广东经济出版社，2005.

战略地图与平衡计分卡示例

战略地图示例

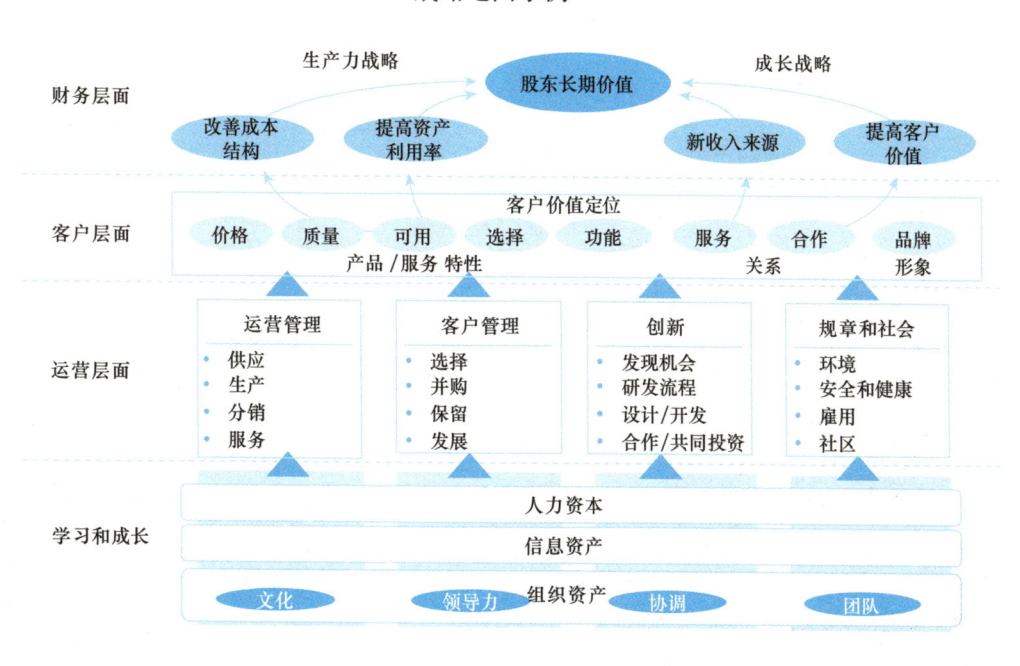

财务层面　　　　生产力战略　　　　　　　成长战略
　　　　　　　　　　　股东长期价值
　　　　改善成本结构　　提高资产利用率　　新收入来源　　提高客户价值

客户层面
　　　　　　　　　　　客户价值定位
　　价格　质量　可用　选择　功能　服务　合作　品牌形象
　　　　　产品/服务 特性　　　　　　　关系

运营层面
运营管理	客户管理	创新	规章和社会
• 供应 • 生产 • 分销 • 服务	• 选择 • 并购 • 保留 • 发展	• 发现机会 • 研发流程 • 设计/开发 • 合作/共同投资	• 环境 • 安全和健康 • 雇用 • 社区

学习和成长
　　　　　　人力资本
　　　　　　信息资产
　　文化　　领导力　组织资产　协调　　团队

平衡计分卡指标示例

名称	解释	范例
目标	战略要达成什么?	新产品开发
衡量指标	如何对目标的业绩表现进行跟踪?	新产品的营业收入占总营业收入的百分比
目标值	需要提高到的绩效水平	2000年—15% 2001年—50% 2002年—60%
行动方案	达成目标所需的流程与项目计划	增加新产品开发的投资项目

资料来源：卡普兰．平衡记分卡-化战略为行动[M]．广州：广东经济出版社，2004．

■ **纵横分解与协同**：通过战略地图的描述、平衡计分卡指标的分解等，将战略落到实处，驱动组织绩效不断提升

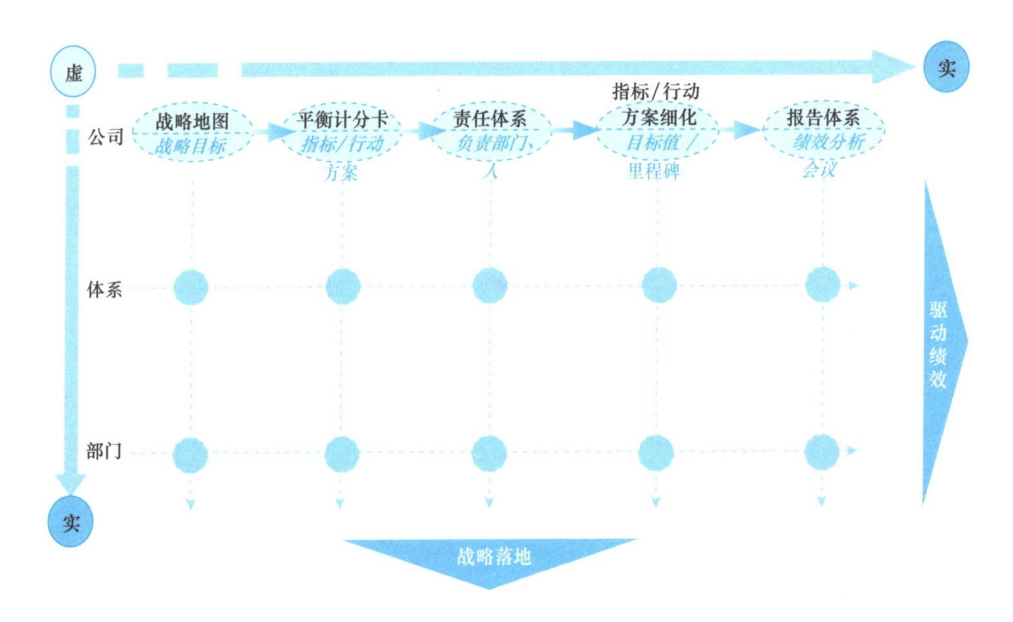

```
虚 ─────────────────────────────────► 实
公司  战略地图    平衡计分卡   责任体系    指标/行动    报告体系
     战略目标    指标/行动    负责部门、   方案细化    绩效分析
              方案         人          目标值/      会议
                                     里程碑
                                                            驱
体系   ●         ●          ●          ●          ●         动
                                                            绩
                                                            效
部门   ●         ●          ●          ●          ●
实
                    战略落地
```

1. **年度经营计划**　将战略性行动计划融入组织的年度运营计划。

2. **年度预算安排**　在年度运营计划的基础上，为这些战略性行动计划配置预算资金。

3. **目标责任落实**　成立战略行动团队，落实具体工作，并形成责任体系。

   目标层层分解，落实到具体工作人员身上。

4. **年度绩效考核**　设计相应的激励机制，通过将员工的个人目标、激励方式与组织的战略目标挂钩的方式加强战略沟通，同时组织还要向员工提供合适的培训和职业生涯发展规划，以帮助员工获得成功实施战略所需的能力。

第6章 战略管理

■ 动态战略管理流程：组建战略中心型组织（SFO）

1. 高层领导推动变革
- CEO支持
- 管理团队的参与
- 变革需求
- 愿景/战略
- "管理新方法"

2. 将战略转化为可操作的行动
- 使命/愿景
- 战略地图
- 平衡计分卡
- 目标值
- 行动方案

3. 使组织围绕战略协同化
- 公司角色
- 公司－战略单位
- 战略单位－共享资源
- 外部合作伙伴

4. 让战略成为每个人的日常工作
- 战略认知
- 目标整合
- 与浮动薪酬挂钩

5. 使战略成为持续的流程
- 链接预算管理
- 链接运营管理
- 管理层会议
- 反馈系统
- 学习流程

（中央五边形：Management 管理 / Strategy 战略 / Process 流程）

1. 高层领导推动变革	公司高层领导高度重视，中高层管理者支持并付诸行动。
2. 将战略转化为可操作的行动	使所有的业务单元和员工达成了对战略的统一理解和共识。
3. 使组织围绕战略协同化	把战略分解到组织的各个层级，实现纵向和横向的有效协同。
4. 让战略成为每个人的日常工作	建立科学合理的管理体系，构建强有力的执行机制，使战略成为每个人的日常工作。
5. 使战略成为持续的流程	把战略与规划预算、运营和人力资源管理更深入、更精确地联系起来。

资料来源：卡普兰，诺顿. 战略中心型组织[M]. 北京：中国人民大学出版社，2008.

图解战略与商业模式

■ 战略落地工具1——企业成长动力模型

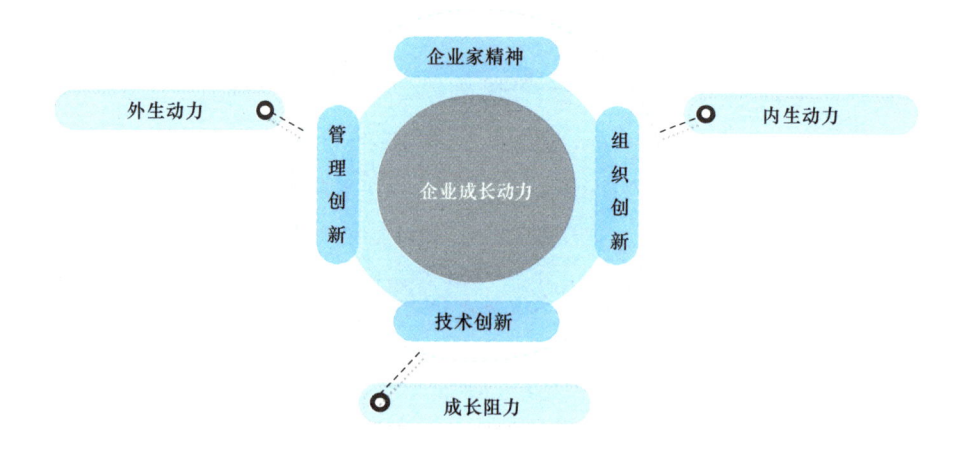

```
         企业家精神
  外生动力      管理    组织      内生动力
           创   企业   创
           新  成长动力 新
              技术创新
           成长阻力
```

外生动力　政策推动/资本介入

市场竞争推动

产业发展带动

行业技术进步推动

内生动力　人力资源/资金财务

战略管理/管理创新/技术创新/知识管理

公司治理/企业文化

成长阻力　企业规模不当

企业家阻力

第6章 战略管理

■ **战略落地工具2——企业成长与组织结构演变模型**

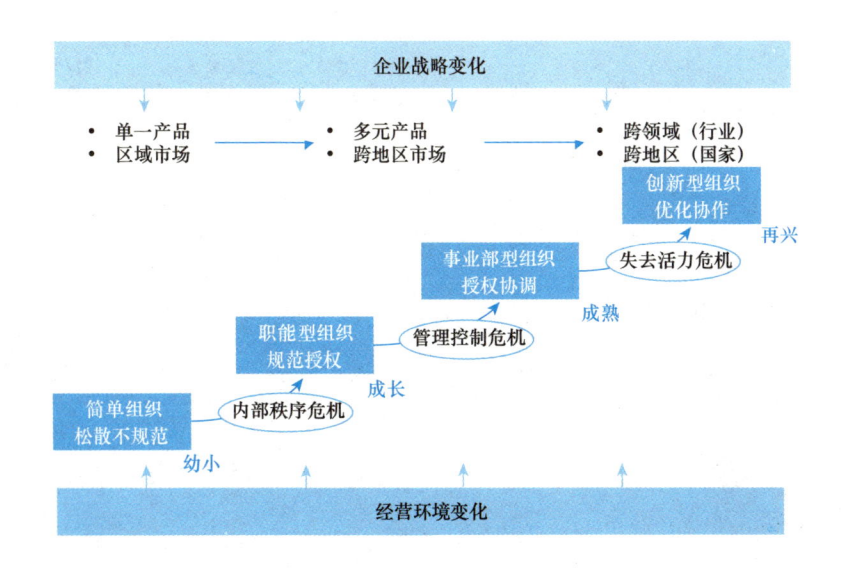

```
企业战略变化
  单一产品        多元产品         跨领域（行业）
  区域市场        跨地区市场       跨地区（国家）

                                   创新型组织
                                   优化协作
                                        ↑ 失去活力危机    再兴
                         事业部型组织
                         授权协调
                              ↑ 管理控制危机    成熟
             职能型组织
             规范授权
                  ↑ 内部秩序危机    成长
  简单组织
  松散不规范
        幼小

经营环境变化
```

简单组织	企业创立之初是简单组织，该类型的组织松散、不规范，容易遭遇内部秩序危机。
职能型组织	职能型组织按职能来组织部门分工，可以充分发挥职能部门的资源集中优势，但是当项目需要多个部门参与时，资源的平衡、管理控制均会出现问题。
事业部型组织	事业部型组织是指按产品或地区设立事业部，每个事业部都有自己较完整的职能机构。事业部型组织具有集中决策、分散经营的特点。但管理资源浪费问题、事业部协作问题逐渐凸显，组织面临失去活力的危机。
创新型组织	矩阵组织具有复杂性的同时兼具多维性。 控股公司简化了管理，推动了企业家精神的形成。 网络型组织在核心能力方面具有灵活性和专业性。

图解战略与商业模式

■ 战略落地工具3——人力资源管控系统图

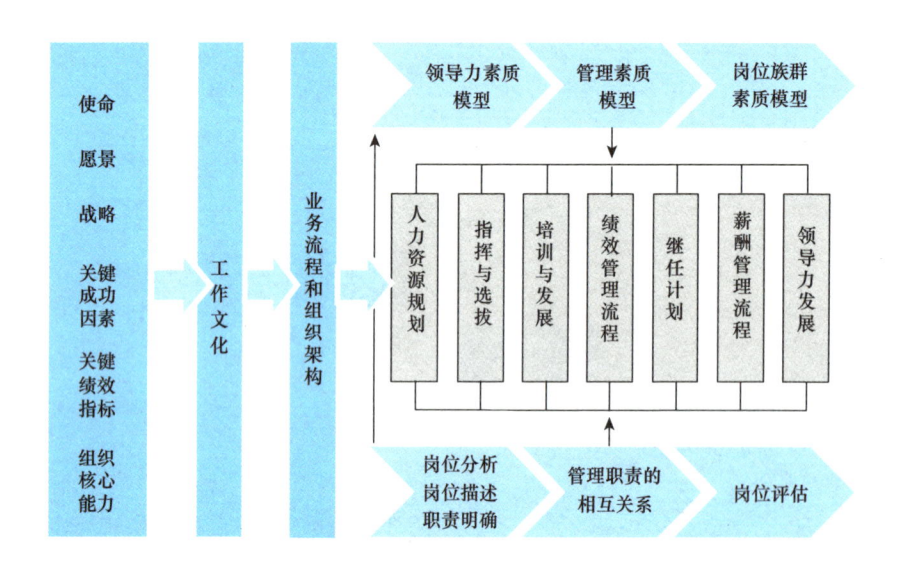

流程图：

左侧纵列：使命 / 愿景 / 战略 / 关键成功因素 / 关键绩效指标 / 组织核心能力 → 工作文化 → 业务流程和组织架构 →

上方：领导力素质模型 / 管理素质模型 / 岗位族群素质模型

中间六模块：人力资源规划 | 指挥与选拔 | 培训与发展 | 绩效管理流程 | 继任计划 | 薪酬管理流程 | 领导力发展

下方：岗位分析 岗位描述 职责明确 / 管理职责的相互关系 / 岗位评估

第一式：换脑子　以思想之"变"引领行动之"变"。

第二式：摘帽子　动真碰硬，不换思想就换人。

第三式：撤椅子　精兵简政，组织结构优化与人员调整。

第四式：给金子　砸碎铁碗，强激励硬约束。

第五式：算银子　内部法人，划小核算单元，亲兄弟明算账。
　　　　　　　　以改促变、以变促通、以通促活。

资料来源：中国一重集团